ハッピーエンドの
中国ショートショート

相原　茂

蘇　紅

Happy Ending

朝日出版社

音声ダウンロード

 音声再生アプリ「リスニング・トレーナー」新登場（無料）

朝日出版社開発のアプリ、「リスニング・トレーナー（リストレ）」を使えば、教科書の音声をスマホ、タブレットに簡単にダウンロードできます。どうぞご活用ください。

まずは「リストレ」アプリをダウンロード

▶ App Store はこちら　　　　▶ Google Play はこちら

アプリ【リスニング・トレーナー】の使い方

❶ アプリを開き、「コンテンツを追加」をタップ

❷ QRコードをカメラで読み込む

❸ QRコードが読み取れない場合は、画面上部に 45348 を入力し「Done」をタップします

QRコードは㈱デンソーウェーブの登録商標です

Webストリーミング音声

http://text.asahipress.com/free/ch/shortshort/

はじめに

　学生時代、授業で中国の小説を読んだことがある。確か魯迅の作品だったと思う。内容はよく覚えてないのだが、ひどく暗い気分になった。授業の後、ふらふら教室を出て、学食に向かったが、あまり食欲も出なかった。

　その頃の中国の小説は概ね暗いものが多かった。私は手にする本に影響されやすいようだ。明るく楽しい内容の本を読むと明るい気分になる。その反対に悲惨な内容だと、我がことのように打ちひしがれる。

　だから私は思った。中国にも日本のように、読めば楽しくなるような1分間小説やワクワクするような推理小説があればどんなにか勉強も楽しくなるだろう，と。

　それが今や超短編小説のショートショート(微型小説)はあるし、推理小説(偵探小説)だってある。内容もなかなか面白い。最近時間があるのを良いことに短い小説を読み漁った。2000篇以上は読んだだろう。そこから10編ほど選んでみた。すべてハッピーエンドで終わるものばかりである。これなら食欲も出る。身体にもよい。

　読み物であるから、読んで感銘をうければそれでよいのだが、そこは「教材」という側面もある。それなりの手当が求められる。世によく見られる「語法ポイント」とはひと味ちがった「講釈を垂れる」スタイルを採ってみた。早い話，編者らが気になるところを身勝手に，メモ書きしたものだ。教師はこんな所で「講釈を垂れたくなる」のかと思って頂ければよい。

　それはともかく，本書の最大の売りは，10編のショートショートにハイレベルな録音を試みたことである。読んだ後は，聴くショートショートとしても十分に愉しめるものに仕上がったと思う。

2020年　秋

編著者　記す

01 | 謎底

02 | 女儿今年上高中

03 | 空瓶子

04 | 楼房

06 │ 人生不是演习

05 │ 未遂

10 | 元城锁王

徐 明卉 Xú Mínghuì

01 电话铃 响 了，老太太 接起 电话，对方 没 说话。
Diànhuàlíng xiǎng le, lǎotàitai jiēqǐ diànhuà, duìfāng méi shuōhuà.

"喂，你 说话 啊！" 老太太 着急 了。
"Wèi, nǐ shuōhuà a!" Lǎotàitai zháojí le.

"你 猜 我 是 谁？" 对方 说。
"Nǐ cāi wǒ shì shéi?" Duìfāng shuō.

"你 是 我 儿子！" 老太太 脱口 说。
"Nǐ shì wǒ érzi!" Lǎotàitai tuōkǒu shuō.

"[1]妈，您 耳朵 真 好使，听出 我 是 您 儿子 了。"
"Mā, nín ěrduo zhēn hǎoshǐ, tīngchū wǒ shì nín érzi le."

"[2]那 还 有 错。妈 看 天气 预报 了，说 你 那里 变天 了。气温 下降，
"Nà hái yǒu cuò. Mā kàn tiānqì yùbào le, shuō nǐ nàli biàntiān le. Qìwēn xiàjiàng,

你 [3]多 穿 件 衣服。妈 给 你 织 的 那件 毛衣 你 带着 吗？"
nǐ duō chuān jiàn yīfu. Mā gěi nǐ zhī de nà jiàn máoyī nǐ dàizhe ma?"

"啊，带着，带着 呢。"
"A, dàizhe, dàizhe ne."

"那 你 就 [4]赶紧 穿上 吧，别 着凉。"
"Nà nǐ jiù gǎnjǐn chuānshang ba, bié zháoliáng."

"啊，啊，知道 了。"
"A, a, zhīdao le."

"吃饭 了 吗？"
"Chīfàn le ma?"

"吃 了。"
"Chī le."

"吃 的 什么 饭？"
"Chī de shénme fàn?"

"吃 [5]韭菜 包子。"
"Chī jiǔcài bāozi."

谜底 mídǐ [名] なぞなぞの答え、真相　　　**对方** duìfāng [名] 相手、相手側、先方
接 jiē [動] 受ける、(電話を) 取る　　　**变天** biàntiān [動] 天気が下り坂になる

講釈 たれてもよいですか？

1 妈，您耳朵真好使 —— 二つの「"好"＋動詞」

1) "好吃"型 〈五官に快い満足感が湧くことを表す。「〜しやすい」と訳さない〉
"好"＋吃 / 喝 / 听 / 闻 / 看 / 玩　"hǎo" + chī / hē / tīng / wén / kàn / wán

2) "好使"型 〈その動作・行為をたやすくできることを表す。「〜しやすい」と訳せる〉
"好"＋用 / 找 / 走 / 懂 / 学 / 写　"hǎo" + yòng / zhǎo / zǒu / dǒng / xué / xiě

2 那还有错 ——「"还"を用いる」反語文

还 hái [副]（反語の語気を強める）それでも、それなのに

那还用说！　　　Nà hái yòng shuō!
打字谁还不会呀？　Dǎzì shéi hái bú huì ya?

3 多穿衣服 ——「"多"＋動詞＋目的語」 主に命令文に用いる

○多穿衣服 duō chuān yīfu　　○多喝水 duō hē shuǐ

×穿多衣服。→ 今天衣服穿多了。　Jīntiān yīfu chuānduō le.
×喝多水。　→ 今天水喝多了。　　Jīntiān shuǐ hēduō le.

4 赶快 / 赶紧 —— 類義語 [副]急いで、はやく、すぐ、ただちに

赶紧 gǎnjǐn　　時間を無駄にしない、ぐずぐずしないことを強調
赶快 gǎnkuài　スピードをあげ、急ぐことを強調

赶紧 / 赶快走吧，要不就迟到了。　gǎnjǐn / gǎnkuài zǒu ba, yàobù jiù chídào le.

5 韭菜包子 ——"包子"の種類

肉包子 ròu bāozi　　　　　　　　—— 猪肉 / 羊肉 / 牛肉包子
　　　　　　　　　　　　　　　　zhūròu / yángròu / niúròu bāozi

菜包子 cài bāozi ＝素包子 sù bāozi　—— 韭菜 / 白菜 / 萝卜 / 豆腐包子
　　　　　　　　　　　　　　　　jiǔcài / báicài / luóbo / dòufu bāozi

　　　　　　　　　　　　　　　　豆沙包 dòushābāor　糖包 tángbāor
　　　　　　　　　　　　　　　　（話し言葉では r 化する）

下降 xiàjiàng [動] 降下する、下がる　　　赶紧 gǎnjǐn [副] 急いで、すぐに

"⁶你 不 是 不 喜欢 吃 韭菜 吗？"
"Nǐ bú shì bù xǐhuan chī jiǔcài ma?"

"啊，一 个 同学 请客，我 不 好意思 拒绝。"
"A, yí ge tóngxué qǐngkè, wǒ bù hǎoyìsi jùjué."

"哪 个 同学 啊，⁷我 认识 不？"
"Nǎ ge tóngxué a, wǒ rènshi bu?"

"您 不 认识，是 大学 同学。他 想 让 我 入股 办 一 个 公司，
"Nín bú rènshi, shì dàxué tóngxué. Tā xiǎng ràng wǒ rùgǔ bàn yí ge gōngsī,

可 我 没 钱 啊，眼看着 一 个 挣 大钱 的 机会 要 错过 了。妈，您
kě wǒ méi qián a, yǎnkànzhe yí ge zhèng dàqián de jīhuì yào cuòguò le. Mā, nín

能 不 能 帮帮 我？"
néng bu néng bāngbang wǒ?"

终于 绕到 正题 上。
Zhōngyú ràodào zhèngtí shang.

"需要 多少 钱 啊？"老太太 问。
"Xūyào duōshao qián a?" Lǎotàitai wèn.

"十 万，没有 的 话，五 万 也 行。"对方 很 急切 地 说。
"Shí wàn, méiyou de huà, wǔ wàn yě xíng." Duìfāng hěn jíqiè de shuō.

"我 一 个 退休 老太太，⁸哪 有 这么 多 钱，一 万 行 不 行？"
"Wǒ yí ge tuìxiū lǎotàitai, nǎ yǒu zhème duō qián, yí wàn xíng bu xíng?"

"行，行 啊，一 万 也 行。"对方 更 急迫 了。
"Xíng, xíng a, yí wàn yě xíng." Duìfāng gèng jípò le.

"好 吧，你 把 汇款 地址 告诉 我。"
"Hǎo ba, nǐ bǎ huìkuǎn dìzhǐ gàosu wǒ."

"用 银行卡 打款 吧。"
"Yòng yínhángkǎ dǎkuǎn ba."

"我 不 会 使用 柜员机，你 要 钱 的 话 就 把 地址 给 我。
"Wǒ bú huì shǐyòng guìyuánjī, nǐ yào qián de huà jiù bǎ dìzhǐ gěi wǒ.

我 给 你 寄去，不 要 就 ⁹算了。"
Wǒ gěi nǐ jìqu, bú yào jiù suànle."

"我 要，我 要！我 告诉 您 地址，您 把 钱 直接 寄给 我
"Wǒ yào, wǒ yào! Wǒ gàosu nín dìzhǐ, nín bǎ qián zhíjiē jìgěi wǒ

同学 就 行。"
tóngxué jiù xíng."

"好 吧。"
"Hǎo ba."

6 你不是不喜欢吃韭菜包子吗？——「"不是"を用いる」反語文

这不是不公平吗？　　Zhè bú shì bù gōngpíng ma?

他不是想去乡下吗？　Tā bú shì xiǎng qù xiāngxia ma?

7 我认识不？——「肯定文の末尾＋"不"」疑問を表す。口語的

你要不？　　　　　　Nǐ yào bu?

你明白不？　　　　　Nǐ míngbai bu?

刘老师，你走了还回来不？　Liú lǎoshī, nǐ zǒu le hái huílai bu?

8 哪有这么多钱？——「"哪"を用いる」反語文

[代] どうして～なものか→そういうことはない

"哪"は nǎ または nǎr と発音する。

尝尝鱼味儿，只有一"咸"，哪有"五香"味儿？
Chángchang yú wèir, zhǐyǒu yì "xián", nǎ yǒu "wǔ xiāng" wèir?

瞎说，我哪会作诗？　Xiā shuō, wǒ nǎr huì zuò shī?

9 算了 ——それまでとする、よしとする、やめにする

算了算了！　　　　　　　　Suànle suànle!

不方便就算了。　　　　　　Bù fāngbiàn jiù suànle.

这事儿不能就这样算了。　　Zhè shìr bù néng jiù zhèyàng suànle.

入股 rùgǔ［動］株主になる

挣 zhèng［動］働いて得る、稼ぐ

终于 zhōngyú［副］ついに、とうとう

绕到 ràodào［動］辿りつく

正题 zhèngtí［名］本題、主題

急切 jíqiè［形］切実である、せっぱ詰まっている

急迫 jípò［形］急迫している、差し迫っている

汇款 huìkuǎn［動］送金する

打款 dǎkuǎn［動］送金する

柜员机 guìyuánjī［名］ATM

03

老太太 找来 纸 和 笔，把 对方 告诉 的 汇款 地址、收款人
Lǎotàitai zhǎolai zhǐ hé bǐ, bǎ duìfāng gàosu de huìkuǎn dìzhǐ, shōukuǎnrén

记下来。
jìxialai.

"你 等着 吧，马上 就 把 钱 [10]汇过去。"
"Nǐ děngzhe ba, mǎshàng jiù bǎ qián huìguoqu."

老太太 放下 电话，抬头 看看 墙上 挂 的 儿子 照片。
Lǎotàitai fàngxià diànhuà, táitóu kànkan qiángshang guà de érzi zhàopiàn.

照片 旁边 还 挂着 一 张 荣誉 证书。儿子 一 年 前 见义
Zhàopiàn pángbiān hái guàzhe yì zhāng róngyù zhèngshū. Érzi yì nián qián jiànyì

勇为，为 抢救 一 个 落水 儿童 牺牲 了……
yǒngwéi, wèi qiǎngjiù yí ge luòshuǐ értóng xīshēng le……

老太太 来到 邮局，填了 一 张 汇款单。在 留言栏 里 特意 写了
Lǎotàitai láidào yóujú, tiánle yì zhāng huìkuǎndān. Zài liúyánlán li tèyì xiěle

一 句 话："我 儿子 已经 牺牲 了，希望 你 拿着 这 笔 [11]钱 做 点
yí jù huà: "Wǒ érzi yǐjīng xīshēng le, xīwàng nǐ názhe zhè bǐ qián zuò diǎn

正经 事儿，别 再 骗人 了。" 她 就 是 为了 在 汇款单 上 写 这
zhèngjing shìr, bié zài piànrén le." Tā jiù shì wèile zài huìkuǎndān shang xiě zhè

句 话，才 执意 要 骗子 给 自己 一 个 地址 的……
jù huà, cái zhíyì yào piànzi gěi zìjǐ yí ge dìzhǐ de……

三 年 以后，老太太 更 老 了，懒得 下 楼，也 很 少 与 邻居
Sān nián yǐhòu, lǎotàitai gèng lǎo le, lǎnde xià lóu, yě hěn shǎo yǔ línjū

来往。她 每天 必 做 的 事 就 是 把 镶着 儿子 照片 的 [12]镜框
láiwǎng. Tā měitiān bì zuò de shì jiù shì bǎ xiāngzhe érzi zhàopiàn de jìngkuàng

擦 一 遍，然后 坐在 沙发 上 看着 儿子 的 照片 发呆。
cā yí biàn, ránhòu zuòzài shāfā shang kànzhe érzi de zhàopiàn fādāi.

电话 铃声 响 了，老太太 接 电话。
Diànhuà língshēng xiǎng le, lǎotàitai jiē diànhuà.

"您 还 好 吧？" 对方 张口 说。
"Nín hái hǎo ba?" Duìfāng zhāngkǒu shuō.

"你 是……"
"Nǐ shì……"

抬头 táitóu [動] 頭をもたげる、顔を上げる
见义勇为 jiànyì yǒngwéi [成] 正義のために勇敢に行う
抢救 qiǎngjiù [動] 救命する

填 tián [動]（空欄に）記入する．書き込む
汇款单 huìkuǎndān [名] 送金用の伝票
留言栏 liúyánlán [名] 伝言欄

10 汇过去 ──"汇"は金融語彙

汇 huì

汇款 huìkuǎn　　打款 dǎkuǎn　　汇款单 huìkuǎndān

收款 shōukuǎn　　收款人 shōukuǎnrén

柜员机 guìyuánjī

11 "钱"と"款"

钱 qián → ①貨幣。②お金。③費用、代金。口語的　　　存钱 cún qián

款 kuǎn → 金額、費用。書面語的、金額はより大きい。　　存款 cúnkuǎn

"钱"は○、"款"は×の用例

钱包 qiánbāo　　钱币 qiánbì　　钱财 qiáncái　　钱眼儿 qiányǎnr （×款）

找钱 zhǎoqián　　赚钱 zhuànqián　　攒钱 zǎnqián　　挣钱 zhèngqián （×款）

花钱 huāqián　　换钱 huànqián　　省钱 shěngqián　　值钱 zhíqián （×款）

"款"は○、"钱"は×の用例

公款 gōngkuǎn　　款额 kuǎn'é　　款子 kuǎnzi （×钱）

贷款 dàikuǎn　　专款专用 zhuānkuǎn zhuānyòng　　款项 kuǎnxiàng

12 镜框 ──"框"のコロケーション

门框 ménkuàng　　窗框 chuāng kuàng

边框 biānkuàng　　画框 huà kuàng　　镜框 jìngkuàng　　黑框 hēi kuàng

框框 kuàngkuang　　旧框框 jiù kuàngkuang　　老框框 lǎo kuàngkuang

我们要坚决破除照抄外国 "洋框框" 的思想。(比喩用法)
Wǒmen yào jiānjué pòchú zhàochāo wàiguó "yángkuàngkuang" de sīxiǎng.

特意 tèyì [副] とくに、わざわざ

笔 bǐ [量] ひとまとまりの金銭

正经事儿 zhèngjing shìr [名] まともなこと

骗人 piànrén [動] 人をだます

执意 zhíyì [副] 頑として，あくまで

骗子 piànzi [名] 詐欺師．ペテン師

懒 lǎn [形] おっくうである、怠惰である

邻居 línjū [名] 隣家、隣近所、隣人

镶 xiāng [動] はめ込む

镜框 jìngkuàng [名] 額縁

发呆 fādāi [動] ぽかんとする、茫然とする

张口 zhāngkǒu [動] 口を開ける、口を開く

04

"我 是 三 年 前 骗 您 的 那个 人。第 一 次 就 碰到 了 您,
"Wǒ shì sān nián qián piàn nín de nàge rén. Dì yī cì jiù pèngdaole nín,

收到 您 的 钱, 照 您 说 的, [13]洗手 不 干 骗人 的 事儿 了。做
shōudào nín de qián, zhào nín shuō de, xǐshǒu bú gàn piànrén de shìr le. Zuò

点 小生意 慢慢 发财 了。现在 想 去 看看 您。谢谢 您 救了
diǎn xiǎoshēngyi mànmàn fācái le. Xiànzài xiǎng qù kànkan nín. Xièxie nín jiùle

我! 能 把 您 居住 的 地址 告诉 我 吗?"
wǒ! Néng bǎ nín jūzhù de dìzhǐ gàosu wǒ ma?"

"好, 好 啊!"老太太 的 声音 颤抖着。
"Hǎo, hǎo a!" Lǎotàitai de shēngyīn chàndǒuzhe.

"我 想 知道, 您 当初 知道 我 是 个 骗子, 为 什么 还 要
"Wǒ xiǎng zhīdao, nín dāngchū zhīdao wǒ shì ge piànzi, wèi shénme hái yào

给 我 寄钱 呢?"
gěi wǒ jìqián ne?"

"孩子,你 说话 的 声音 和 我 儿子 [14]一 模 一 样 啊! 刚
"Háizi, nǐ shuōhuà de shēngyīn hé wǒ érzi yì mú yí yàng a! Gāng

接到 电话 那会儿, 我 就 把 你 当 我 儿子 了。我 太 想 儿子 了。
jiēdào diànhuà nàhuìr, wǒ jiù bǎ nǐ dāng wǒ érzi le. Wǒ tài xiǎng érzi le.

只 不过 是 想 和 你 多 聊 一会儿, 听听 我 儿子 的 声音。
Zhǐ búguò shì xiǎng hé nǐ duō liáo yíhuìr, tīngting wǒ érzi de shēngyīn.

我 不 愿意 一 个 像 我 儿子 一样 的 年轻人 走上 犯罪 道路……"
Wǒ bú yuànyì yí ge xiàng wǒ érzi yíyàng de niánqīngrén zǒushang fànzuì dàolù……"

老太太 把 谜底 告诉了 他, 对方 沉默。
Lǎotàitai bǎ mídǐ gàosule tā, duìfāng chénmò.

"我 很 快 就 到家 了, 妈, 您 在 家 等 我 啊!"
"Wǒ hěn kuài jiù dào jiā le, mā, nín zài jiā děng wǒ a!"

电话 里 是 哭泣 的 声音。
Diànhuà li shì kūqì de shēngyīn.

"孩子, 妈 等 你 回来。"
"Háizi, mā děng nǐ huílai."

看着 墙上 儿子 的 照片,老太太 心里 [15]暖暖 的……
Kànzhe qiángshang érzi de zhàopiàn, lǎotàitai xīnli nuǎnnuǎn de……

碰到 pèngdào [動] ばったり会う　　　　　洗手 xǐshǒu [動] 悪事から足を洗う
照 zhào [介] ～に照らして、～に従って

13　洗手〈足を洗う〉── 日中、役者が違う

巴掌大 bāzhang dà〈猫の額〉

炒鱿鱼 chǎo yóuyú〈首にする〉

驼背 tuóbèi〈猫背〉

对牛弹琴 duì niú tán qín〈馬の耳に念仏；猫に小判〉

落汤鸡 luòtāngjī〈濡れ鼠〉

瘦死的骆驼比马大 shòusǐ de luòtuo bǐ mǎ dà〈腐っても鯛〉

蜂拥而至 fēngyōng ér zhì〈蟻のように群がる〉

14　一模一样 ──"一Ａ一Ｂ"四字句

1）Ａ、Ｂは類義語である。

　　[名] 模样 múyàng → 一模一样　　心意 xīnyì → 一心一意

　　[動] 瘸拐 qué guǎi → 一瘸一拐　　颠簸 diānbǒ → 一颠一簸

2）Ａ、Ｂは反義語である。

　　[名] 前后 qiánhòu　 → 一前一后　　左右 zuǒyòu → 一左一右

　　[動] 起伏 qǐfú　　 → 一起一伏　　张弛 zhāng chí → 一张一弛

　　[形] 长短 chángduǎn → 一长一短　　大小 dàxiǎo　→ 一大一小

15　暖暖的 ──「ＡＡ的」　単音節 形容詞の重ね型。描写用

心里暖 xīnli nuǎn　 → 心里暖暖的 xīnli nuǎnnuǎn de

个子高 gèzi gāo　　 → 个子高高的 gèzi gāogāo de

眼睛大 yǎnjing dà　 → 眼睛大大的 yǎnjing dàdà de

生意 shēngyi [名] 商売、商い
发财 fācái [動] 金を儲ける、金持ちになる
颤抖 chàndǒu [動] 震える
当初 dāngchū [名] 最初、以前、その時

一模一样 yì mú yí yàng [成] そっくりである
聊 liáo [動] おしゃべりする
哭泣 kūqì [動] しくしく泣く、むせび泣く

05   一 Yī

女儿 今年 上 高中。
Nǚ'ér jīnnián shàng gāozhōng.

开学 第 一 天，女儿 进门 就 [1]笑嘻嘻 地 对 我 说："你 知道
Kāixué dì yī tiān, nǚ'ér jìnmén jiù xiàoxīxī de duì wǒ shuō: "nǐ zhīdao

我们 班主任 叫 什么 名字 吗？"
wǒmen bānzhǔrèn jiào shénme míngzi ma?"

我 说："我 怎么 知道？"
Wǒ shuō: "Wǒ zěnme zhīdao?"

女儿 说："他 [2]居然 叫 毕 升 哎！"
Nǚ'ér shuō: "Tā jūrán jiào Bì Shēng ai!"

"这 有 什么 奇怪 的？" 我 问。
"Zhè yǒu shénme qíguài de?" Wǒ wèn.

女儿 有些 吃惊 地 看了看 我："难道 你 不 知道 历史上 有
Nǚ'ér yǒuxiē chījīng de kànlekàn wǒ: Nándào nǐ bù zhīdào lìshǐshang yǒu

个 发明 活字印刷术 的 家伙 也 叫 毕 升？ 没 文化，太 可怕 了，
ge fāmíng huózìyìnshuāshù de jiāhuo yě jiào Bì Shēng? Méi wénhuà, tài kěpà le,

简直 和 你 没 办法 沟通！"说着 扭进 卧室 去 了。
jiǎnzhí hé nǐ méi bànfǎ gōutōng!" Shuōzhe niǔjìn wòshì qù le.

06   二 Èr

开学 第 二 天，女儿 刚 进 家门，又 [3]叽叽喳喳 地 跟 我 分享
Kāixué dì èr tiān, nǚ'ér gāng jìn jiāmén, yòu jījizhāzhā de gēn wǒ fēnxiǎng

---

笑嘻嘻 xiàoxīxī [形] にこにこ笑うさま	吃惊 chījīng [動] 驚く、びっくりする
班主任 bānzhǔrèn [名] 学級担任	简直 jiǎnzhí [副] まったく、まるで
居然 jūrán [副] 意外にも、なんと	沟通 gōutōng [動] 疎通させる、交流する

講釈 たれてもよいですか？

1　笑嘻嘻 ——「ABB 型」擬態語、強調形

構成：A + BB

色、味、音、表情、状態などを表す。

前には程度副詞、否定辞、後ろに補語を付けることができない。

红彤彤 hóngtōngtōng　　香喷喷 xiāngpēnpēn　　甜丝丝 tiánsīsī　　哗啦啦 huālālā

乐呵呵 lèhēhē　　皱巴巴 zhòubābā　　胖乎乎 pànghūhū　　毛茸茸 máoróngróng

2　居然 —— 予想外の結果に用いる

プラスにもマイナスにも用いる。主語の前にも可。

这么大的声音，你居然没听见。
Zhème dà de shēngyīn, nǐ jūrán méi tīngjiàn.

真没想到，他居然会做出这样的事情。
Zhēn méi xiǎngdào, tā jūrán huì zuòchū zhèyàng de shìqing.

居然他一个人完成了五个人的任务。
Jūrán tā yí ge rén wánchéngle wǔ ge rén de rènwu.

3　叽叽喳喳 —— AABB 型

AB → AABB

BB 的声调

1）不变　　婆婆妈妈 pópomāmā　　挑挑拣拣 tiāotiāojiǎnjiǎn
　　　　　　安安静静 ān'ānjìngjìng　　彻彻底底 chèchèdǐdǐ
　　　　　　破破烂烂 pòpolànlàn　　迟迟疑疑 chíchíyíyí

2）变成一声　扭扭捏捏 niǔniǔniēniē　　大大方方 dàdafāngfāng
　　　　　　舒舒服服 shūshufūfū　　马马虎虎 mǎmǎhūhū
　　　　　　别别扭扭 bièbieniūniū　　漂漂亮亮 piàopiaoliāngliāng

扭 niǔ ［動］（歩くとき）体をくねらせる、腰を振る　　　　分享 fēnxiǎng ［動］分かち合う

叽叽喳喳 jījizhāzhā ［擬音］（騒がしくしゃべる声）

　　ぺちゃくちゃ

获得 的 新 消息：我们 老班 快 40 多 岁 的 人，居然 还 没
huòdé de xīn xiāoxi: Wǒmen lǎobān kuài sìshí duō suì de rén, jūrán hái méi-

有 结婚，⁴你 说 奇怪 不 奇怪？"
you jiéhūn, nǐ shuō qíguài bu qíguài?"

我 说："这 是 人家 的 个人 自由，与 你们 有 什么 关系？"
Wǒ shuō: "Zhè shì rénjia de gèrén zìyóu, yǔ nǐmen yǒu shénme guānxi?"

女儿 吐了吐 舌头："我们 关心 老班 的 幸福 嘛！"
Nǚ'ér tǔletǔ shétou: "Wǒmen guānxīn lǎobān de xìngfú ma!"

📻07

三 Sān

开学 第 三 天。 吃 晚饭 的 时候，女儿 皱着 眉头，说：
Kāixué dì sān tiān. Chī wǎnfàn de shíhou, nǚ'ér zhòuzhe méitóu, shuō:

"今天 我们 发现了 一 个 严重 的 问题：老班 走路 的 姿态 跟
"Jīntiān wǒmen fāxiànle yí ge yánzhòng de wèntí: Lǎobān zǒulù de zītài gēn

正常 男生 不 一样，扭扭捏捏，还 背 一 个 花色 女生
zhèngcháng nánshēng bù yíyàng, niǔniǔniēniē, hái bēi yí ge huāsè nǚshēng

背包，非常 女性化。"
bēibāo, fēicháng nǚxìnghuà."

我 ⁵有些 生气："你 不 好好儿 学习，关心 这个 干吗？"
Wǒ yǒuxiē shēngqì: "Nǐ bù hǎohāor xuéxí, guānxīn zhège gànmá?"

女儿 不 接 我 的 ⁶话茬儿，又 说："今天 老班 讲了 一 首 宋词，
Nǚ'ér bù jiē wǒ de huàchár, yòu shuō: "Jīntiān lǎobān jiǎngle yì shǒu sòngcí,

⁷柳 永 的《蝶恋花》，课 讲 的 嘛，得 承认 非常 精彩，但 他
Liǔ Yǒng de «Dié liàn huā», kè jiǎng de ma, děi chéngrèn fēicháng jīngcǎi, dàn tā

老班 lǎobān [名] 担任

吐 tǔ [動] 吐く、吐き出す

舌头 shétou [名] 舌

关心 guānxīn [動] 気にかける．気を配る

皱 zhòu [動] しわが寄る、しわを寄せる

眉头 méitóu [名] 眉、眉間

严重 yánzhòng [形] 重大である、厳しい

姿态 zītài [名] 姿態、姿

扭捏 niǔnie [動]（歩くときに）体をくねらせる

背 bēi [動] 背負う、おぶう

花色 huāsè [名] 模様と色彩、色柄

背包 bēibāo [名] リュックサック

生气 shēngqì [動] 怒る、腹を立てる

4 你说奇怪不奇怪？ —— 疑問を表さない疑問文

聞き手に肯定や同意、服従を求める

你说美丽不美丽？　　　　　Nǐ shuō měilì bu měilì?

你说倒霉不倒霉？　　　　　Nǐ shuō dǎoméi bu dǎoméi?

别嚷行不行？　　　　　　　Bié rǎng xíng bu xíng?

你就别给我添麻烦了，好不好？　Nǐ jiù bié gěi wǒ tiān máfan le, hǎo bu hǎo?

5 有些 / 有点儿 —— 類義語

有些生气　　—— 書面語

有点儿生气 —— 口語。多く用いられる。

他有些担心。　　Tā yǒuxiē dānxīn.

我有点儿饿了。　Wǒ yǒudiǎnr è le.

6 话茬儿 —— [方] 話の糸口

接着他的话茬儿说　　　jiēzhe tā de huàchár shuō

接不上刚才的话茬儿　　jiēbushàng gāngcái de huàchár

7 柳永的《蝶恋花》（宋词）

柳永 (りゅう えい) は、北宋の仁宗 (在位 1022-1063 年) 時代に活躍した詞人。

時代毎に隆盛をみた中国の文学形式を称して、よく「漢文、唐詩、宋詞、元曲」等と言うが、「詞」は宋代に盛んになった。特定の楽曲があり、それに合わせて歌詞を作る、いわば作詞家の役割を文人が担った。詩は朗読されるが、「詞」はメロディに合わせ歌われるもの。曲調の数は多く、「詞牌」と呼ばれ、よく知られているものに「蝶恋花」や「菩薩蛮」などがあり、作品には詩と異なり、これら曲調名が冠せられる。形式的には平仄の決まりや押韻のルールなど近体詩に準じるが、句の長短は一定しておらず、故に「長短句」とも呼ばれる。また「填詞」、「詩余」などの別称を持つ。

(本課 講釈 21 参照)

接 jiē [動] 引き受ける

话茬儿 huàchár [名][方] 話の糸口

首 shǒu [量]（詩や歌を数える）首、曲

宋词 sòngcí [名] 宋詞

承认 chéngrèn [動] 認める、承認する

精彩 jīngcǎi [形] 精彩がある、優れている

姿态 zītài [名] 姿態、姿、様子

实在 shízài [副] 実に、ほんとうに

不敢 bù gǎn [組]〜する勇気がない、（勇気がなくて）〜できない

讲课 的 姿态 实在 [8]不 敢 让 人
jiǎngkè de zītài shízài bù gǎn ràng rén

恭维，居然 手 托 香腮，还 翘着
gōngwei, jūrán shǒu tuō xiāngsāi, hái qiàozhe

兰花指，娘得 让人 鸡皮 疙瘩
lánhuāzhǐ, niángde ràng rén jīpí gēda

掉满 地 [9]呃！太 恶心 了。"女儿
diàomǎn dì e! Tài ěxīn le." Nǚ'ér

一边 说，一边 做了 个 手 托
yìbiān shuō, yìbiān zuòle ge shǒu tuō

香腮 翘着 兰花指 的 姿态。
xiāngsāi qiàozhe lánhuāzhǐ de zītài.

我 说："[10]别 背后 讲 老师 的 坏话！"
Wǒ shuō: "Bié bèihòu jiǎng lǎoshī de huàihuà!"

女儿 不 理 我，但 接着 又 若有所思 地 说了 一句："妈妈，你
Nǚ'ér bù lǐ wǒ, dàn jiēzhe yòu ruòyǒusuǒsī de shuōle yí jù: "Māmā, nǐ

说 我们 老班 四十 多 岁 了 还 不 结婚，不 会 是 同性恋 吧？"
shuō wǒmen lǎobān sìshí duō suì le hái bù jiéhūn, bú huì shì tóngxìngliàn ba?"

我 用 筷子 敲了敲 她 的 头："喂，你 的 小 脑袋 里 想
Wǒ yòng kuàizi qiāoleqiāo tā de tóu: "Wèi, nǐ de xiǎo nǎodai li xiǎng

什么 呢？"
shénme ne?"

📱08

四 Sì

开学 第 四 天。 女儿 对 我 说："你 说 我们 班 的 学生
Kāixué dì sì tiān. Nǚ'ér duì wǒ shuō: "Nǐ shuō wǒmen bān de xuésheng

怎么 这么 有 才，他们 编了 一 句 非常 精彩 的 话。"
zěnme zhème yǒu cái, tāmen biānle yí jù fēicháng jīngcǎi de huà."

我："一 句 什么 话？"
Wǒ: "Yí jù shénme huà?"

女儿："男生，女生，毕生。"
Nǚ'ér: "Nánshēng, nǚshēng, bìshēng."

我："什么 意思？"
Wǒ: "Shénme yìsi?"

8 不敢让人恭维 —— お世辞にも誉められない

恭维 ——［動］お世辞を言う、持ち上げる

他的画儿实在不敢恭维。
Tā de huàr shízài bù gǎn gōngwei.

知道你说的是恭维话，可我还是很高兴。
Zhīdao nǐ shuō de shì gōngweihuà, kě wǒ háishi hěn gāoxìng.

他很会恭维人，你要小心。
Tā hěn huì gōngwei rén, nǐ yào xiǎoxīn.

9 呃 e、嘛 ma —— 語気助詞

呃 —— 文末に置き，驚嘆の気持ちを示す
巴黎风光，果然美不胜收呃！
Bālí fēngguāng, guǒrán měi bú shèng shōu e!

嘛 —— 文中の区切りに用い、相手方に注意を促す
如果你同意的话，请到我们这里来工作，月薪嘛，30万日元不成问题。
Rúguǒ nǐ tóngyì dehuà, qǐng dào wǒmen zhèli lái gōngzuò, yuèxīn ma,
sānshí wàn rìyuán bùchéng wèntí.

10 别背后讲老师的坏话！—— 声調が異なる多音字"背"

bēi —— 背粮食 bēi liángshi　背弟弟 bēi dìdi　背一个花色女生背包
　　　背黑锅 bēi hēiguō

bèi —— 背后 bèihòu　背影 bèiyǐng　背单词 bèi dāncí　背课文 bèi kèwén
　　　背地里 bèidìli　背道而驰 bèidào érchí　背井离乡 bèijǐng líxiāng

恭维 gōngwei［動］お世辞を言う、持ち上げる
托 tuō［動］（手のひらや器物の上に）載せる
腮 sāi［名］頬の下寄りの部分
翘 qiào［動］上に反る、跳ね上がる
兰花指 lánhuāzhǐ［名］伝統劇のしぐさの一つ、親指と中指を曲げてその先端を合わせ，他の指を伸ばした手つき
娘 niáng［形］女々しい、女っぽい
鸡皮疙瘩 jīpí gēda［名］鳥肌
呃 e［助］文末に置き，驚嘆の気持ちを示す

恶心 ěxīn［形］吐き気がする、むかむかする
背后 bèihòu［名］陰、背後
坏话 huàihuà［名］悪口、陰口
理 lǐ［動］相手にする、かまう
若有所思 ruòyǒusuǒsī［成］何かを考えているようである、思案顔である
同性恋 tóngxìngliàn［名］同性愛
敲 qiāo［動］たたく
脑袋 nǎodai［名］頭

女儿："[11]你 怎么 这么 out，意思 就 是 把 我们 学校 的 人 分为
Nǚ'ér:　"Nǐ zěnme zhème out,　yìsi jiù shì bǎ wǒmen xuéxiào de rén fēnwéi

三 类：一 类 是 男生，一 类 是 女生，我们 老班[12]既 不 是 女生，
sān lèi:　Yí lèi shì nánshēng, yí lèi shì nǚshēng, wǒmen lǎobān jì bú shì nǚshēng,

又 不 太像 男生，不 男 不 女，所以 归为 第 三 类。"
yòu bú tài xiàng nánshēng, bù nán bù nǚ,　suǒyǐ guīwéi dì sān lèi."

我 怒不可遏："你 ——"
Wǒ　nùbùkě'è:　"Nǐ ——"

女儿 向 我 翻了翻 眼睛，坏笑了 一 声。跑进 自己 的 房间。
Nǚ'ér xiàng wǒ　fānlefān yǎnjing, huàixiàole yì shēng. Pǎojìn zìjǐ de fángjiān.

09

五 Wǔ

开学 第 五 天。临睡 前 女儿 对 我 说："老妈 你 想 办法 给
Kāixué dì wǔ tiān. Línshuì qián nǚ'ér duì wǒ shuō: "Lǎomā nǐ xiǎng bànfǎ gěi

我 调个 班 吧！这个 毕 升 不但 像 女生 一样 娘，还 像
wǒ tiáo ge bān ba! Zhège Bì Shēng búdàn xiàng nǚshēng yíyàng niáng, hái xiàng

女生 一样[13]啰嗦，不 对 ——是 比 女生 还 啰嗦。今天 的 班会课，
nǚshēng yíyàng luōsuo, bú duì —shì bǐ nǚshēng hái luōsuo. Jīntiān de bānhuìkè,

他 婆婆妈妈 地 讲了 一 节 课，全 是 听了 800 遍 的 人生 大
tā pópomāmā de jiǎngle yì jié kè, quán shì tīngle bābǎi biàn de rénshēng dà

道理。上帝 呀，还 让 人 活 不?!" 我 说："不 能 调班，人家
dàolǐ. Shàngdì ya, hái ràng rén huó bù?! Wǒ shuō: "Bù néng tiáo bān, rénjia

老师 说 那么 多，[14]还 不 是 为了 你们 好！"
lǎoshī shuō nàme duō,　hái bú shì wèile nǐmen hǎo!"

10

六 Liù

开学 第 六 天，周六，女儿 不 上学，一 整天 都 关在 自己
Kāixué dì liù tiān, zhōuliù,　nǚ'ér bú shàngxué, yì zhěngtiān dōu guānzài zìjǐ

屋里，一 副 闷闷不乐 的 样子。
wūli,　yí fù mènmèn búlè de yàngzi.

编 biān［動］創作する　　　　　　翻眼睛 fān yǎnjing［組］あかんべえをする
归 guī［動］〜に属する　　　　　　坏笑 huàixiào［動］いたずら笑いする
怒不可遏 nùbùkě'è［成］怒りを抑えきれない　　調 tiáo［動］調整する、調節する

11 你怎么这么 out —— 漢字の中のローマ字

Out は現代流行っているネット用語の一つ。意味は〈淘汰される〉〈時代遅れ〉など。
Out は「out of time」の略した形。

你 out 了。=你落伍了。　　Nǐ luòwǔ le.
=你跟不上潮流了。　　Nǐ gēnbushàng cháoliú le.
=你被淘汰了。　　Nǐ bèi táotài le.

12 "既～又～" —— 呼応表現

「～でもあり（～でもある）、～かつ（～である）、～し～も（する）」

她既聪明又能干。　　　　　　Tā jì cōngming yòu nénggàn.
我既不爱喝酒，也不喜欢抽烟。　Wǒ jì bú ài hē jiǔ, yě bù xǐhuan chōuyān.
这样晒被褥，既不卫生，又不雅观，实在不好！
Zhèyàng shài bèirù, jì bú wèishēng, yòu bù yǎguān, shízài bù hǎo!

13 "双声"と"叠韵" —— "啰嗦"はどっち？

"双声" —— 前後の2字の声母が同じもの
　　　　　　高贵 gāoguì、唐突 tángtū

"叠韵" —— 前後の2字、または複数の字が韻母を同じくすること
　　　　　　泛滥 fànlàn、千年 qiānnián

次はどちらでしょう。

美满　慷慨　从容　优厚　仿佛　奇异
宛然　苍茫　气球　密码　明媚　牛奶

双声 ——

叠韵 ——

14 还不是为了你们好 ——「"还"を用いる」反語文

那还用问！　　Nà hái yòng wèn!
还不是为了你们好！

(☞第1課 講釈2)

罗嗦 luōsuo ［形］（言葉が）くどい
班会课 bānhuìkè ［名］HR
婆婆妈妈 pópomāmā ［形］（言葉が）くどい、
　くだくだしい、意気地がない

活 huó ［動］生きる、生存する
副 fù ［量］顔つきや表情についていう
闷闷不乐 mènmèn búlè ［成］鬱々としている、
　ふさぎ込んでいる

七 Qī

开学 第 七 天，周日。见 女儿 情绪 仍然 不 佳，我 打发 她 到
Kāixué dì qī tiān, zhōurì. Jiàn nǚ'ér qíngxù réngrán bù jiā, wǒ dǎfā tā dào

菜市场 买 菜，女儿 买 菜 回来 进门 就 嚷："老妈 老妈，你 猜 我
càishìchǎng mǎi cài, nǚ'ér mǎi cài huílai jìnmén jiù rǎng: "Lǎomā lǎomā, nǐ cāi wǒ

遇到 谁 了？"见 我 不 搭理，她 接着 说："看见 我们 老班 了，
yùdào shéi le?" Jiàn wǒ bù dālǐ, tā jiēzhe shuō: "Kànjiàn wǒmen lǎobān le,

他 也 是 去 买 菜 的，我 没 让 他 发现，[15]偷偷 跟了 他 一会儿。"
tā yě shì qù mǎi cài de, wǒ méi ràng tā fāxiàn, tōutōu gēnle tā yíhuìr."

我 说："你 这个 做法 很 不 好！"
Wǒ shuō: "Nǐ zhège zuòfǎ hěn bù hǎo!"

"有 什么 不 好，"女儿 继续 叽叽喳喳："他 一 个 大 男人，
"Yǒu shénme bù hǎo," Nǚ'ér jìxù jīzhāzhā: "Tā yí ge dà nánren,

居然 挑挑拣拣，和 菜贩 一 毛 一 毛 地 讲价，真的 一点 也
jūrán tiāotiāojiǎnjiǎn, hé càifàn yì máo yì máo de jiǎngjià, zhēnde yìdiǎn yě

[16]不爷们儿。我 越来越 不 喜欢 他 了。"
bùyémenr. Wǒ yuèláiyuè bù xǐhuan tā le."

八 Bā

开学 第 八 天。女儿 进门 的 时候，我 就 看出 她 的 激动。
Kāixué dì bā tiān. Nǚ'ér jìnmén de shíhou, wǒ jiù kànchū tā de jīdòng.

"怎么 了？"我 问。
"Zěnme le?" Wǒ wèn.

女儿 平息了 一下，说："彻底 颠覆 了，真的 彻彻底底 颠覆 了！"
Nǚ'ér píngxīle yíxià, shuō: "Chèdǐ diānfù le, zhēnde chèchèdǐdǐ diānfù le!"

我 皱起 眉头："什么 彻底 颠覆 了？"
Wǒ zhòuqǐ méitóu: "Shénme chèdǐ diānfù le?"

"刚才，就 在 刚才 的 最后 一 节 课，"女儿 还是 不 能 完全
"Gāngcái, jiù zài gāngcái de zuìhòu yì jié kè," nǚ'ér háishi bù néng wánquán

---

情绪 qíngxù [名] 気分、機嫌

打发 dǎfā [動] 使いに出す、行かせる

菜市场 càishìchǎng [名] 野菜市場

嚷 rǎng [動] 大声で叫ぶ、わめく、どなる

猜 cāi [動] 当てる、推測する

搭理 dālǐ [動] 相手にする

偷偷 tōutōu [副] こっそりと

挑拣 tiāojiǎn [動] 選ぶ、選び出す

15 偷偷 / 悄悄 —— 類義語

共に副詞で、気付かれないように
"悄悄"は行動の時出す音が小さい、人に聞こえないように
"偷偷"は裏で、こっそり行動する、人に見つかるのを恐れる。マイナスイメージ

我生怕惊醒了他，悄悄地走了出去。
Wǒ shēngpà jīngxǐngle tā, qiāoqiāo de zǒulechūqu.

趁人不注意，他偷偷地溜走了。
Chèn rén bú zhùyì, tā tōutōu de liūzǒu le.

16 不爷们儿 —— "不"+ 名詞

1) すでに語彙化したもの

不才 bùcái　　不轨 bùguǐ　　不法 bùfǎ　　不时 bùshí　　不日 búrì　　不暇 bùxiá

2) 形容詞として使われているもの

不规则 bùguīzé　　不人道 bùréndào　　不道德 búdàodé　　不文明 bùwénmíng
不科学 bùkēxué　　不爷们儿 bùyémenr

菜贩 càifàn［名］野菜を売る商人
讲价 jiǎngjià［動］値段を掛け合う
爷们儿 yémenr［名］［方］男の人たち、男性
平息 píngxī［動］静まる、収まる

颠覆 diānfù［動］転覆させる
皱眉头 zhòu méitóu［組］眉（まゆ）をひそめる

平息 她 的 激动:"一 个 持 刀 凶徒 闯进 校园, 连 门卫 和
píngxī tā de jīdòng: "Yí ge chí dāo xiōngtú chuǎngjìn xiàoyuán, lián ménwèi hé

保安 都 不 敢 上前, 是 我们 老班 冲 上前 去 与 凶徒
bǎo'ān dōu bù gǎn shàngqián, shì wǒmen lǎobān chōng shàngqián qù yǔ xiōngtú

搏斗 并 制服了 他, 否则 后果 不堪 设想 啊。"
bódòu bìng zhìfúle tā, fǒuzé hòuguǒ bùkān shèxiǎng a."

"你们 老师 没 受伤 吧?"我 关切 地 问。
"Nǐmen lǎoshī méi shòushāng ba?" Wǒ guānqiè de wèn.

"[17]怎么 没 受伤!"女儿 说:"搏斗 中, 他 的 手臂 被 刺中
"Zěnme méi shòushāng!" Nǚ'ér shuō: "Bódòu zhōng, tā de shǒubì bèi cìzhòng

一 刀, 但 他 自己 说 没 啥 大碍, 已经 到 医院 包扎 了!"
yì dāo, dàn tā zìjǐ shuō méi shá dà'ài, yǐjīng dào yīyuàn bāozā le!"

"这 件 事 彻底 颠覆了 老班 在 我们 心目中 的 形象,"女儿 又
"Zhè jiàn shì chèdǐ diānfùle lǎobān zài wǒmen xīnmùzhōng de xíngxiàng," Nǚ'ér yòu

说,"虽然 他 看起来 有点 娘, 但 其实 [18]蛮 爷们儿 的, 是 真
shuō, "Suīrán tā kànqǐlai yǒudiǎn niáng, dàn qíshí mán yémenr de, shì zhēn

爷们儿!"
yémenr!"

📄13 　　　　　　　九 Jiǔ

开学 第 九 天。女儿 进门 就 对 我 说:"老班 在 我们 心目中
Kāixué dì jiǔ tiān. Nǚ'ér jìnmén jiù duì wǒ shuō: "Lǎobān zài wǒmen xīnmùzhōng

的 形象 越来越 高大 了, 今天 市 电视台 的 记者 去 采访, 我们
de xíngxiàng yuèláiyuè gāodà le, jīntiān shì diànshìtái de jìzhě qù cǎifǎng, wǒmen

才 知道 他 还 默默 地 资助着 两 个 贫困 大学生, 看不出 他
cái zhīdao tā hái mòmò de zīzhùzhe liǎng ge pínkùn dàxuéshēng, kànbuchū tā

平时 挺 抠门儿 的, 还 能 这么 仗义!"
píngshí tǐng kōuménr de, hái néng zhème zhàngyì!"

持 chí [動] 持つ、握る
刀 dāo [名] 刃物
凶徒 xiōngtú [名] 凶暴なやつ、凶悪犯
闯 chuǎng [動] 突進する、飛び込む
门卫 ménwèi [名] 門衛、門番
保安 bǎo'ān [名] 警備員、守衛
冲 chōng [動] 突進する

搏斗 bódòu [動] 激しく殴り合う、格闘する
并 bìng [接] 及び、また、その上、しかも
否则 fǒuzé [接] そうでないと、さもなければ
后果 hòuguǒ [名] (悪い) 結果、結末
不堪设想 bùkān shèxiǎng [組] 想像するに忍び
ない、考えるだけでぞっとする

17 怎么没受伤！——「"怎么"を用いる」反語文

你真不懂事！—— 我怎么不懂事！＝我很懂事。

你又没吃亏！—— 我怎么没吃亏！＝我吃了大亏。

你也没去向她道歉！—— 我怎么没道歉！＝我道歉了，但她根本不理我。

18 蛮爷们儿的，——"蛮"［方］副詞。結構、なかなか、とても

"蛮"の後ろには形容詞が来る。ここの"爷们儿"自体は名詞だが，ここでは形容詞としての用法

你觉得这件衣服怎么样？　　Nǐ juéde zhè jiàn yīfu zěnmeyàng?

—— 蛮好的。/ 蛮不错的。　　Mán hǎo de. / Mán búcuò de.

他蛮自私的。　　　　　　　Tā mán zìsī de.

"说什么呢？ 我听不见。"我蛮不耐烦地说。
"Shuō shénme ne? Wǒ tīngbujiàn." Wǒ mán bú nàifán de shuō.

受伤 shòushāng［動］傷つく

关切 guānqiè［動］関心をもつ、気にかける

手臂 shǒubì［名］腕

刺 cì［動］刺す、突き刺す

啥 shá［代］［方］なに

大碍 dà'ài［名］大問題

包扎 bāozā［動］包んで縛る、くるむ

心目 xīnmù［名］胸中、心中、念頭

形象 xíngxiàng［名］形象、形状、イメージ

其实 qíshí［副］実際には、実のところ

蛮 mán［副］［方］非常に、とても

采访 cǎifǎng［動］取材する、インタビューする

资助 zīzhù［動］物質的に援助する

抠门儿 kōuménr［形］［方］けちけちしている

仗义 zhàngyì［形］男気がある、義侠心がある

十 Shí

开学 第 十 天。女儿 临睡 前，忽然 走进 我 的 房间："老妈，
Kāixué dì shí tiān. Nǚ'ér línshuì qián, hūrán zǒujìn wǒ de fángjiān: "Lǎomā,

爸爸 已经 离开 我们 快 八 年 了，这些 年 辛苦 您 了！"我 心里
bàba yǐjīng líkāi wǒmen kuài bā nián le, zhèxiē nián xīnkǔ nín le!" Wǒ xīnli

不禁 一 热，别看 女儿 平时 [19] 一 副 淘气 的 样子，其实 很 懂事
bùjīn yí rè, biékàn nǚ'ér píngshí yí fù táoqì de yàngzi, qíshí hěn dǒngshì

的。接着 女儿 又 认真 地 说："如果 有 合适 的，您 也 应该
de. Jiēzhe nǚ'ér yòu rènzhēn de shuō: "Rúguǒ yǒu héshì de, nín yě yīnggāi

找 一 个 了。老妈，要 找 就 一定 要 找 我们 老班 这样 的！"
zhǎo yí ge le. Lǎomā, yào zhǎo jiù yídìng yào zhǎo wǒmen lǎobān zhèyàng de!"

[20]我 一下 愣住 了。
Wǒ yíxià lèngzhù le.

其实，我 已经 和 毕 升 交往 半年 多 了，一直 担心 女儿
Qíshí, wǒ yǐjīng hé Bì Shēng jiāowǎng bànnián duō le, yìzhí dānxīn nǚ'ér

不 接受，所以 一直 不 敢 和 女儿 说。
bù jiēshòu, suǒyǐ yìzhí bù gǎn hé nǚ'ér shuō.

我 不 知道 该 不 该 把 真实 情况 告诉 女儿。
Wǒ bù zhīdào gāi bu gāi bǎ zhēnshí qíngkuàng gàosu nǚ'ér.

忽然 hūrán ［副］急に、不意に、だしぬけに
不禁 bùjīn ［副］こらえられずに、思わず、〜せず にはいられない
淘气 táoqì ［形］（子供が）いたずらである、やんちゃ である
懂事 dǒngshì ［形］（子供が）ものが分かる

一下 yíxià ［副］いきなり、たちまち、ぱっと
愣 lèng ［動］ぼんやりする、あっけにとられる、 ぽかんとする、あきれる
交往 jiāowǎng ［動］付き合う、行き来する
接受 jiēshòu ［動］引き受ける、受け入れる

19 一副淘气的样子 ── 量詞 "副"

顔つきや表情についていう。ふつう名詞の前には修飾語を置き、数詞は "一" のみ

一副鬼脸 yí fù guǐliǎn

老李摆出一副一本正经的样子。 Lǎo Lǐ bǎichū yí fù yìběnzhèngjīng de yàngzi.

女儿不上学，一整天都关在自己屋里，一副闷闷不乐的样子。

20 我一下愣住了。 ── もう一つの "一下"

[副] いきなり、たちまち、ぱっと。話し言葉ではよく r 化する。
　　"一下子" yíxiàzi ともいう。

今天一下儿冷了好多。　Jīntiān yíxiàr lěngle hǎo duō.

我一下子全明白了。　　Wǒ yíxiàzi quán míngbai le.

参考 **21** 蝶恋花・伫倚危楼风细细　Zhù yǐ wēilóu fēng xìxì

[宋 sòng]　　柳 永 Liǔ Yǒng

伫倚危楼风细细，	Zhù yǐ wēilóu fēng xìxì,
望极春愁，黯黯生天际。	wàng jí chūnchóu, àn'àn shēng tiānjì.
草色烟光残照里，	Cǎosè yān guāng cánzhào li,
无言谁会凭阑意。	wúyán shéi huì píng lán yì.
拟把疏狂图一醉，	Nǐ bǎ shū kuáng tú yí zuì,
对酒当歌，强乐还无味。	duì jiǔ dāng gē, qiáng lè hái wú wèi.
衣带渐宽终不悔，	Yīdài jiàn kuān zhōng bù huǐ,
为伊消得人憔悴。	wèi yī xiāode rén qiáocuì.

上の詞の解説は下記のリンク先を参照

http://www.shicimingju.com/chaxun/list/33442.html

03 ᵃ空瓶子
Kōng píngzi

周 海亮 Zhōu Hǎiliàng

15 没有 考上 理想 的 大学，他 心灰 意冷。仿佛 一切 都 失去了
Méiyou kǎoshang lǐxiǎng de dàxué, tā xīnhuī yìlěng. Fǎngfú yíqiè dōu shīqùle

意义，他 认为 自己 正在 经历 人生 中 最大 的 困难 与 挫折。
yìyì, tā rènwéi zìjǐ zhèngzài jīnglì rénshēng zhōng zuìdà de kùnnan yǔ cuòzhé.

整个 暑假 他 浑浑噩噩，看 什么 都 不 顺眼，干 什么 都 没有
Zhěnggè shǔjià tā húnhún'è'è, kàn shénme dōu bú shùnyǎn, gàn shénme dōu méiyou

ᵇ精神。临 开学 时，父亲 问 他，想 不 想 做个 游戏？他 问，
jīngshen. Lín kāixué shí, fùqin wèn tā, xiǎng bu xiǎng zuò ge yóuxì? Tā wèn,

怎么 做？父亲 找出 一 个 空瓶，说，我们 假设 这个 瓶子 可以
zěnme zuò? Fùqin zhǎochū yí ge kōngpíng, shuō, wǒmen jiǎshè zhège píngzi kěyǐ

ᶜ装得下 你 一生 中 所有 的 困难 和 挫折，那么 现在，对 你
zhuāngdexià nǐ yìshēng zhōng suǒyǒu de kùnnan hé cuòzhé, nàme xiànzài, duì nǐ

考不上 理想 大学 这 件 事，你 认为 装 多少 合适？他 想了-
kǎobushàng lǐxiǎng dàxué zhè jiàn shì, nǐ rènwéi zhuāng duōshao héshì? Tā xiǎngle-

想，说，半 瓶 吧。父亲 拿来 一 瓶 酒，让 他 往 空瓶子 里 倒，
xiǎng, shuō, bàn píng ba. Fùqin nálai yì píng jiǔ, ràng tā wǎng kōngpíngzi li dào,

他 ᵈ毫 不 犹豫 地 将 手中 的 空瓶 装满 一半。父亲 用 蜡 和
tā háo bù yóuyù de jiāng shǒuzhōng de kōngpíng zhuāngmǎn yíbàn. Fùqin yòng là hé

木塞 将 瓶口 封紧，说，等 你 认为 挫折 完全 过去 的 时候，
mùsāi jiāng píngkǒu fēngjǐn, shuō, děng nǐ rènwéi cuòzhé wánquán guòqu de shíhou,

再 把 这 半 瓶 酒 喝光。
zài bǎ zhè bàn píng jiǔ hēguāng.

心灰意冷 xīnhuī yìlěng [成] 意気消沈する
认为 rènwéi [動] ～と思う、～と考える
经历 jīnglì [動] 経験する、体験する
整个 zhěnggè [形] 全部の、すべての
浑浑噩噩 húnhún'è'è 無知蒙昧である、分別が
　ない、見境がつかない

顺眼 shùnyǎn [形]（見て）満足する、目にかなう
精神 jīngshen [形] 元気である、活発である
临 lín [介] ～に際して、～を前に
假设 jiǎshè [動] 仮定する、仮に～とする

講釈 たれてもよいですか?

1 空瓶子 —— **声調が異なる多音字"空"** kōng/kòng

1) **kōng** 　晴空 qíngkōng 　　　空军 kōngjūn
　　　　　 空房子 kōngfángzi 　脑子里空空的 nǎozi li kōngkōng de
　　　　　 空忙 kōngmáng 　　　空欢喜 kōng huānxǐ

2) **kòng** 　有空儿 yǒu kòngr 　没空儿 méi kòngr 　填空 tiánkòng
　　　　　 空白 kòngbái 　　　空地 kòngdì
　　　　　 不会的先空着 búhuì de xiān kòngzhe

(☞第2課 講釈10)

03
空瓶子

2 精神 —— **後が軽声になり意味変化**

精神 jīngshén［名］精神、心　　精神 jīngshen［形］元気である
妻子 qīzǐ［名］妻と子供　　　　妻子 qīzi［名］妻、女房
地方 dìfāng［名］地方　　　　　地方 dìfang［名］所、場所

チャレンジ
次の単語の発音と意味を調べてみましょう。
过去　烟火　眉目　兄弟　人家　摆设

3 装得下 —— **"下"は受け入れる場所があることを表す**

容得下 róngdexià 　　吃得下 chīdexià
住得下 zhùdexià 　　　留得下 liúdexià

4 毫不犹豫 —— **否定を導く"毫不、并不、绝不"**

少しも～しない / でない、決して～しない

他毫不掩饰对新生活的渴望。　　Tā háo bù yǎnshì duì xīnshēnghuó de kěwàng.
我并不想占你的便宜。　　　　　Wǒ bìng bù xiǎng zhàn nǐ de piányi.
首战告捷，林岱并不满足。　　　Shǒuzhàn gàojié, Lín Dài bìng bù mǎnzú.
这种无理要求，我们绝不答应。　Zhè zhǒng wú lǐ yāoqiú, wǒmen jué bù dāying.

装 zhuāng［動］（入れ物に）詰め込む　　蜡 là［名］ろう
倒 dào［動］つぐ　　　　　　　　　　　木塞 mùsāi［名］コルク栓
毫不 háo bù［副］少しも～しない　　　封 fēng［動］封をする、閉ざす
犹豫 yóuyù［形］ためらっている、迷っている　　紧 jǐn［動］きつく締める
满 mǎn［形］満ちている、いっぱいである　　过去 guòqu［動］過ぎる、終わる

31

上了 大学 以后，他 才 发现 问题 并 没有 想象 中 严重。
Shàngle dàxué yǐhòu, tā cái fāxiàn wèntí bìng méiyou xiǎngxiàng zhōng yánzhòng.

他 竟然 发现 自己 狂热 地 [5]喜欢上 他 的 专业，他 甚至 庆幸 自己
Tā jìngrán fāxiàn zìjǐ kuángrè de xǐhuanshang tā de zhuānyè, tā shènzhì qìngxìng zìjǐ

能够 来到 这 所 大学。假期 回家，跟 父亲 说 了，父亲 便 拿出
nénggòu láidào zhè suǒ dàxué. Jiàqī huíjiā, gēn fùqin shuō le, fùqin biàn náchū

那个 酒瓶，说，现在 你 认为 你 的 挫折 完全 过去 了 吗？他
nàge jiǔpíng, shuō, xiànzài nǐ rènwéi nǐ de cuòzhé wánquán guòqu le ma? Tā

笑笑，将 半瓶 酒 匀进 两 个 酒杯，和 父亲 对饮。是 烈性酒，
xiàoxiao, jiāng bàn píng jiǔ yúnjìn liǎng ge jiǔbēi, hé fùqin duìyǐn. Shì lièxìngjiǔ,

他 只能 喝下 一点点。父亲 一边 和 他 喝着 酒 一边 说，现在
tā zhǐ néng hēxia yìdiǎndiǎn. Fùqin yìbiān hé tā hēzhe jiǔ yìbiān shuō, xiànzài

你 是 不 是 觉得 当初 你 把 困难 夸大 了？他 [6]不 好意思 地
nǐ shì bu shì juéde dāngchū nǐ bǎ kùnnan kuādà le? Tā bù hǎoyìsi de

笑笑，说，[7]好像 是 这样。
xiàoxiao, shuō, hǎoxiàng shì zhèyàng.

大 三 那年，他 失恋 了。被 人 抛弃 的 滋味 让 他 突然 对
Dà sān nànián, tā shīliàn le. Bèi rén pāoqì de zīwèi ràng tā tūrán duì

自己 失去了 信心，对 这个 世界 失去了 信心。假期 回家，在 父亲
zìjǐ shīqùle xìnxīn, duì zhège shìjiè shīqùle xìnxīn. Jiàqī huíjiā, zài fùqin

的 再三 追问 下，他 把 与 那个 女孩儿 的 一切 都 告诉了 父亲。
de zàisān zhuīwèn xià, tā bǎ yǔ nàge nǚháir de yíqiè dōu gàosule fùqin.

父亲 问 我们 接着 做 那个 游戏？他 点点 头。父亲 问 他，
Fùqin wèn wǒmen jiēzhe zuò nàge yóuxì? Tā diǎndiǎn tóu. Fùqin wèn tā,

那么 现在 你 认为，往 里面 装 多少 酒 合适？他 想了想，将
nàme xiànzài nǐ rènwéi, wǎng lǐmiàn zhuāng duōshao jiǔ héshì? Tā xiǎnglexiǎng, jiāng

空瓶 装满 三 分 之 一。父亲 问 感情 的 事情 [8]难道 没有
kōngpíng zhuāngmǎn sān fēn zhī yī. Fùqin wèn gǎnqíng de shìqing nándào méiyou

学业 重要？他 笑笑，不 语。父亲 再 把 瓶口 封紧，对 他 说，等
xuéyè zhòngyào? Tā xiàoxiao, bù yǔ. Fùqin zài bǎ píngkǒu fēngjǐn, duì tā shuō, děng

严重 yánzhòng［形］重大である、厳しい	能够 nénggòu［助動］〜することができる
竟然 jìngrán［副］意外にも、あろうことか	所 suǒ［量］学校・病院などを数える
狂热 kuángrè［形］熱狂的である	便 biàn［副］すぐ
甚至 shènzhì［副］〜すら、〜でさえ	匀 yún［動］均等にする、ならす
庆幸 qìngxìng［動］幸いとする、喜びとする	对饮 duìyǐn［動］差し向かいで酒を飲む

5 喜欢上 ── 「動詞＋"上"」

いろいろな"上"

迷上了京剧 míshangle jīngjù（開始＆継続）

两人又吵上了 liǎng rén yòu chǎoshang le（開始＆継続）

写上名字 xiěshang míngzi　　　贴上邮票 tiēshang yóupiào（付着・固定）

合上眼睛 héshang yǎnjing　　　拉上窗帘 lāshang chuānglián（閉じる）

买上票 mǎishang piào　　　　　评上先进 píngshang xiānjìn（実現、目的達成）

飞上天空 fēishang tiānkōng（方向：低い→高い）

6 "不好意思"の２つの意味

1) **恥ずかしい。てれくさい。決まりが悪い。気がひける**

不好意思，请到外面去抽烟。　Bù hǎoyìsi, qǐng dào wàimiàn qù chōuyān.

你说得我都有点儿不好意思了。　Nǐ shuōde wǒ dōu yǒudiǎnr bù hǎoyìsi le.

2) **むげに～できない。厚かましくて～できない**

朋友那么热情邀请，我也不好意思拒绝了。

Péngyou nàme rèqíng yāoqǐng, wǒ yě bù hǎoyìsi jùjué le.

7 仿佛 / 好像 ── 類義語［副］「～のようだ、～らしい」

"仿佛"主に比喩に用いる。書面語

"好像"は比喩のほか、推測にも用いる。主観的。口語的

这里仿佛 / 好像世外桃源一样。　Zhèli fǎngfú / hǎoxiàng shìwài táoyuán yíyàng.

你好像有点心不在焉。　　　　　Nǐ hǎoxiàng yǒudiǎn xīnbúzàiyān.（"仿佛"×）

8 难道没有学业重要？ ──「"难道"を用いる」反語文

"难道"［副］まさか～ではあるまい。よもや～ではなかろう

多く文末に"吗""不成"を置く

难道你不害怕吗？　Nándào nǐ bú hàipà ma?

难道你是魔鬼不成？　Nándào nǐ shì móguǐ bùchéng?

难道你也想试试？　Nándào nǐ yě xiǎng shìshi?

烈性酒 lièxìngjiǔ［名］強い酒　　　　失去 shīqù［動］失う、なくす

夸大 kuādà［動］誇張する、誇大に言う　再三 zàisān［副］再三、何度も

大三 dà sān［組］大学三年生　　　　　追问 zhuīwèn［動］問いただす

抛弃 pāoqì［動］投げ捨てる、捨て去る　接着 jiēzhe［副］引き続き

滋味 zīwèi［名］（人生の）味、味わい　语 yǔ［動］言う、話す、語る

你 认为 这 件 事情 已经 不 能 再 影响到 你 的 心情 时， 就
nǐ rènwéi zhè jiàn shìqing yǐjīng bù néng zài yǐngxiǎngdào nǐ de xīnqíng shí, jiù

把 这些 酒 喝光。
bǎ zhèxiē jiǔ hēguāng.

18 [9]尽管 失恋 给 他 造成 很 大 打击，尽管 这 打击 让 他 在 很
Jǐnguǎn shīliàn gěi tā zàochéng hěn dà dǎjī, jǐnguǎn zhè dǎjī ràng tā zài hěn

长 一 段 时间 神志 恍惚，但 恋爱 [10]毕竟 不 是 生活 的 全部。
cháng yí duàn shíjiān shénzhì huǎnghū, dàn liàn'ài bìjìng bú shì shēnghuó de quánbù.

半年 过去，他 再 一 次 恢复了 以前 爱 说 爱 笑 的 样子。失恋
Bànnián guòqu, tā zài yí cì huīfùle yǐqián ài shuō ài xiào de yàngzi. Shīliàn

会 让 一 个 人 长大，他 甚至 感谢 自己 的 这 段 经历。当然，
huì ràng yí ge rén zhǎngdà, tā shènzhì gǎnxiè zìjǐ de zhè duàn jīnglì. Dāngrán,

过年 回到 家里，也 再 一 次 和 父亲 喝掉了 那 三 分 之 一 瓶
guònián huídào jiāli, yě zài yí cì hé fùqin hēdiàole nà sān fēn zhī yī píng

烈性酒。酒 喝完，父亲 说 你 觉得 这 一 次，你 把 失恋 这 件
lièxìngjiǔ. Jiǔ hēwán, fùqin shuō nǐ juéde zhè yí cì, nǐ bǎ shīliàn zhè jiàn

事情 夸大 了 吗？他 仍然 笑笑。 他 说， 好像 真的 是 这样。
shìqing kuādà le ma? Tā réngrán xiàoxiao. Tā shuō, hǎoxiàng zhēnde shì zhèyàng.

19 然后， 毕业， 却 找不到 理想 的 工作。一切 都 与 大学 时 的
Ránhòu, bìyè, què zhǎobudào lǐxiǎng de gōngzuò. Yíqiè dōu yǔ dàxué shí de

憧憬 相距 甚 远，他 感到 前途 渺茫，一切 充满了 未知。父亲
chōngjǐng xiāngjù shèn yuǎn, tā gǎndào qiántú miǎománg, yíqiè chōngmǎnle wèizhī. Fùqin

打 电话 过来，说 不妨 回家 休息 一 段 时间， 待 有了 好 的
dǎ diànhuà guòlai, shuō bùfáng huíjiā xiūxi yí duàn shíjiān, dài yǒule hǎo de

精神 状态，[11]再 回去 找 工作 不 迟。听了 父亲 的 话，他 再 一
jīngshén zhuàngtài, zài huíqu zhǎo gōngzuò bù chí. Tīngle fùqin de huà, tā zài yí

次 回到 老家。父亲 仍然 拿出 那个 空瓶，说，把 你 现在 认为 的
cì huídào lǎojiā. Fùqīn réngrán náchū nàge kōngpíng, shuō, bǎ nǐ xiànzài rènwéi de

---

造成 zàochéng [動] 引き起こす、招く

打击 dǎjī [動] くじく、打撃を与える

段 duàn [量] 一定の時間や距離を数える

神志恍惚 shénzhì huǎnghū [組] 意識がぼんやりしている

毕竟 bìjìng [副] やはり、しょせん

恢复 huīfù [動] 回復する、取り戻す

仍然 réngrán [副] [書] 依然として、やはり、相変わらず

9 尽管～但（是）/ 却 / 可（是）～ —— **呼応表現**

「～ではあるけれども、～だが」

爸爸尽管身体不好，可是仍然坚持工作。
Bàba jǐnguǎn shēntǐ bù hǎo, kěshì réngrán jiānchí gōngzuò.

尽管今后我肯定还会遇到更大的困难和挫折，但我知道，
所有的困难和挫折终会过去。

10 毕竟 / 究竟 —— **類義語** ［副］「しょせん、さすがに、いったい」

肯定的なニュアンスを表す時、両方ともに言える。"究竟"は書面語

孩子毕竟是孩子，还弄不懂大人的事。
Háizi bìjìng shì háizi, hái nòngbudǒng dàren de shì.

究竟是专家，水平就是不一样。
Jiūjìng shì zhuānjiā, shuǐpíng jiù shì bù yíyàng.

"究竟"は疑問文（"吗"疑問文を除く）に用いて、「つきつめたところどうなのか」を表す。一方、"毕竟"は疑問文には使えない

你们究竟想干什么？ Nǐmen jiūjìng xiǎng gàn shénme?

究竟是"向前看"还是"向钱看"？
Jiūjìng shì "xiàng qián kàn" háishi "xiàng qián kàn"?

"究竟"には「結末、経緯」という名詞用法があるが、"毕竟"にはない

我想问个究竟。 Wǒ xiǎng wèn ge jiūjìng.

李平突然哭了，同学们想知道个究竟。
Lǐ Píng tūrán kū le, tóngxuémen xiǎng zhīdao ge jiūjìng.

11 再回去找工作不迟。 —— **"再"の用法**

1) ［副］**再び、さらに、もっと。同じ動作や行為の繰り返しまたは継続を表す**
   半年过去，他再一次恢复了以前爱说爱笑的样子。
   再回首时，你看到的，不过是一个空空的瓶子。

2) ［副］**今度、また。ある時間を経て動作が再び行われることを表す**
   等你认为挫折完全过去的时候，再把这半瓶酒喝光。
   待有了好的精神状态，再回去找工作不迟。

憧憬 chōngjǐng ［動］あこがれる
相距 xiāngjù ［動］離れる、隔たる
甚 shèn ［副］甚だ、いたって
前途渺茫 qiántú miǎománg 将来の見通しがつかない

充满 chōngmǎn ［動］満ちる、充満する
不妨 bùfáng ［副］差し障りがない、構
わない、～してみたらどうだ
待 dài ［動］待つ

困难 装进去 吧。这 一 次 他 想了 很 久，却 只 往 里面 倒进去
kùnnan zhuāngjìnqu ba. Zhè yí cì tā xiǎngle hěn jiǔ, què zhǐ wǎng lǐmiàn dàojìnqu

一点点 酒。父亲 问 够 了？他 说 足够 了。父亲 问 你 正在 经历
yìdiǎndiǎn jiǔ. Fùqin wèn gòu le? Tā shuō zúgòu le. Fùqin wèn nǐ zhèngzài jīnglì

的，就 这 点 困难？他 说 是，就 这些，也 极 有 可能 被 我
de, jiù zhè diǎn kùnnan? Tā shuō shì, jiù zhèxiē, yě jí yǒu kěnéng bèi wǒ

夸大 了。
kuādà le.

　　一 个 月 以后 他 重新 返回 城市，[12]竟然 顺利 地 找到了
　　Yí ge yuè yǐhòu tā chóngxīn fǎnhuí chéngshì, jìngrán shùnlì de zhǎodàole

理想 的 工作。过年 回家 时，和 父亲 一起，将 一 点 酒 喝掉。
lǐxiǎng de gōngzuò. Guònián huíjiā shí, hé fùqin yìqǐ, jiāng yì diǎn jiǔ hēdiào.

20　晚上 和 父亲 一起 去 海边 散步，父亲 的 手里 拎着 那个
　　Wǎnshang hé fùqin yìqǐ qù hǎibiān sànbù, fùqin de shǒuli līnzhe nàge

空空 的 酒瓶。父亲 说 其实 你 面临 的 困难 和 挫折 越来越 大：
kōngkōng de jiǔpíng. fùqin shuō qíshí nǐ miànlín de kùnnan hé cuòzhé yuèláiyuè dà:

学业，情感，事业，这些 对 你 的 人生 越来越 重要，可是 你 却
xuéyè, qínggǎn, shìyè, zhèxiē duì nǐ de rénshēng yuèláiyuè zhòngyào, kěshì nǐ què

认为 它们 一 次 比 一 次 小……他 说 的确 是 这样，可是 当 我
rènwéi tāmen yí cì bǐ yí cì xiǎo…… Tā shuō díquè shì zhèyàng, kěshì dāng wǒ

喝掉 那些 酒 时，我 才 发现，我 当初 真的 把 这些 困难 和
hēdiào nàxiē jiǔ shí, wǒ cái fāxiàn, wǒ dāngchū zhēnde bǎ zhèxiē kùnnan hé

挫折 放大 了。父亲 说 那么 这个 瓶子 还 有 继续 留下来 的 必要
cuòzhé fàngdà le. Fùqin shuō nàme zhège píngzi hái yǒu jìxù liúxiàlai de bìyào

吗？他 说 我 认为 没有 必要 了……尽管 今后 我 肯定 还 会 遇到
ma? Tā shuō wǒ rènwéi méiyou bìyào le …… Jǐnguǎn jīnhòu wǒ kěndìng hái huì yùdào

更 大 的 困难 和 挫折，但 我 知道，所有 的 困难 和 挫折 终
gèng dà de kùnnan hé cuòzhé, dàn wǒ zhīdao, suǒyǒu de kùnnan hé cuòzhé zhōng

会 过去，再 回首 时，[13]你 看到 的，不过 是 一 个 空空 的 瓶子。
huì guòqu, zài huíshǒu shí, nǐ kàndào de, búguò shì yí ge kōngkōng de píngzi.

　　父亲 笑了笑，[14]将 手中 的 瓶子，扔进了 大海。
　　Fùqin xiàolexiào, jiāng shǒuzhōng de píngzi, rēngjìnle dàhǎi.

够 gòu [動] 達する、足りる、十分にある　　　返回 fǎnhuí [動] 帰る、戻る
足够 zúgòu [動] 足りる、十分である　　　　　顺利 shùnlì [形] 順調、スムーズである
重新 chóngxīn [副] 再び、もう一度　　　　　拎 līn [動] [方]（手に）提げて持つ

12 竟然 jìngrán —— [副] 意外にも、あろうことか

真没想到，他竟然做出这样的事来。
Zhēn méi xiǎngdào, tā jìngrán zuòchū zhèyàng de shì lái.

两节课，三个小时，竟然一个字都没听进去。
Liǎng jié kè, sān ge xiǎoshí, jìngrán yí ge zì dōu méi tīngjìnqu.

没用过微信朋友圈，想试试发点什么，竟然不会发！
Méi yòngguo Wēixìn péngyouquān, xiǎng shìshi fā diǎn shénme, jìngrán bú huì fā!

13 你看到的 —— この"你"は誰をさす？

1) 上の文の"你"は指示代名詞としての役割はなくなり、何も指していない。（虚指）
   你拿牛街来说吧，它属于回族的一个聚居的地方。
   Nǐ ná Niújiē lái shuō ba, tā shǔyú Huízú de yí ge jùjū de dìfangr.

2) 他に、広く任意の相手をさす。（泛指）
   这件亚麻风衣，个性十足，让你不得不爱。
   Zhèi jiàn yàmá fēngyī, gèxìng shízú, ràng nǐ bù dé bù ài.

03

空瓶子

14 将 / 把 —— 類義語

"把"は口語、書面語ともOK、"将"は書面語で、主に地の文に限られている
"把"は会話の中に多く用いる

他说："把水递给我。"（将×）
父亲用蜡和木塞将／把瓶口封紧。
他笑笑，将／把半瓶酒匀进两个酒杯，和父亲对饮。
父亲笑了笑，将／把手中的瓶子，扔进了大海。

其实 qíshí [副] 実際には、実のところ
面临 miànlín [動] 直面する、〜に面する
的确 díquè [副] 確かに、掛け値なしに

终 zhōng [副] 結局、ついに
回首 huíshǒu [動] 回想する、思い返す
扔 rēng [動] 投げ捨てる

刘向阳 Liú Xiàngyáng

📖21 时间 过得 真 快 啊，一 晃，小 吴 来 京城 打工 12 个
Shíjiān guòde zhēn kuài a, yì huǎng, Xiǎo Wú lái jīngchéng dǎgōng shí'èr ge

年头 了，尽管 当年 的 小 吴 快 熬成了 老 吴，可 心中 的 梦想
niántóu le, jǐnguǎn dāngnián de Xiǎo Wú kuài áochéngle Lǎo Wú, kě xīnzhōng de mèngxiǎng

还 是 [1]没 能 实现。何止 是 没 实现，简直 是 一 线 希望 都
hái shì méi néng shíxiàn. Hézhǐ shì méi shíxiàn, jiǎnzhí shì yí xiàn xīwàng dōu

没有。 十二 年 前，小 吴 临 出 家门 时，爹 还 想 把 儿子 留下。
méiyou. Shí'èr nián qián, Xiǎo Wú lín chū jiāmén shí, diē hái xiǎng bǎ érzi liúxià.

爹 把 还 没 抽尽 的 [2]旱烟袋，磕到 身旁 的 [3]老磨盘 上，说：
Diē bǎ hái méi chōujìn de hànyāndài, kēdào shēnpáng de lǎomòpán shang, shuō:

"富贵 呀，咱 乡下 自打 包产到户，日子 一 年 比 一 年 滋润
"Fùguì ya, zán xiāngxià zìdǎ bāochǎndàohù, rìzi yì nián bǐ yì nián zīrùn

了，去年，咱 家 又 盖了 [4]三 间 大 瓦房，看 今年 的 雨水，
le, qùnián, zán jiā yòu gàile sān jiān dà wǎfáng, kàn jīnnián de yǔshuǐ,

风调 雨顺 的，一定 又 是 个 好 年景，你 就 不 能 静下 心
fēngtiáo yǔshùn de, yídìng yòu shì ge hǎo niánjǐng, nǐ jiù bù néng jìngxià xīn

[5]与 我 和 你 娘 过 安稳 日子 吗？"
yǔ wǒ hé nǐ niáng guò ānwěn rìzi ma?"

講釈　たれてもよいですか？

1 没能实现 ——"没"+ 助動詞

助動詞の否定は、普通、"不"を用いるが、例外もある

○没敢 méi gǎn　没能 méi néng

×没会　×没可以　×没要　×没应该

2 旱烟袋 —— キセル　左ページ参照 ⇔ 水烟袋

3 老磨盘 —— ひき臼の台、ひき臼　左ページ参照

4 三间大瓦房

一排三个房间！
Yì pái sān ge fángjiān!

东屋、西屋、中间叫堂屋。
Dōngwū、xīwū、zhōngjiān jiào tángwū.

5 与 / 和 —— 類義語

共に「前置詞」兼「接続詞」で、単独で用いる時、ほぼ同じ。"与"は書面語、"和"は書面語且つ口語

老师与 / 和学生　　lǎoshī yǔ/hé xuésheng　　〈連詞〉
困难与 / 和挫折　　kùnnan yǔ/hé cuòzhé　　〈連詞〉
这事与 / 和我无关。Zhè shì yǔ/hé wǒ wúguān.　〈介詞〉

両方同時に用いる時、接続詞"和"と前置詞"与"の組み合わせの方が圧倒的に多いという統計がある
你就不能静下心与［我和你娘］过安稳日子吗？

晃 huǎng［動］さっと過ぎる

何止 hézhǐ［動］～にとどまらない、ただ～だけではない

简直 jiǎnzhí［副］まったく、まるで、ほとんど

旱烟袋 hànyāndài［名］キセル

磕 kē［動］ぶつかる、ぶつける

身旁 shēnpáng［名］身辺、身の回り

磨盘 mòpán［名］ひき臼の台、ひき臼

咱 zán［代］［方］おれ、私

乡下 xiāngxià［名］田舎、農村

自打 zìdǎ［介］［方］～から、～より

包产到户 bāochǎndàohù［組］生産責任制

日子 rìzi［名］暮らし、生活

滋润 zīrùn［形］快適である、気持ちがいい

风调雨顺 fēngtiáo yǔshùn［成］天候が順調である

年景 niánjǐng［名］1年間の作柄、収穫

安稳 ānwěn［形］平穏である、穏やか

听着 爹 不知 磨叨过 多少 次 的 话，小 吴 走 的 决心 没有
Tīngzhe diē bùzhī mòdaoguo duōshǎo cì de huà, Xiǎo Wú zǒu de juéxīn méiyou

丝毫 动摇。小 吴 对 爹 说："村东 的 万 大牛 去 城里 三 年，
sīháo dòngyáo. Xiǎo Wú duì diē shuō: "Cūndōng de Wàn Dàniú qù chéngli sān nián,

成了 咱 村 头 一 个 万元户，如今 家 都 搬到了 城里。村西 的
chéngle zán cūn tóu yí ge wànyuánhù, rújīn jiā dōu bāndàole chéngli. Cūnxī de

姚 二明 去年 在 外面 干了 一 年，[6,7] 挣 的 钱 比 咱 十 年 攒
Yáo Èrmíng qùnián zài wàimiàn gànle yì nián, zhèng de qián bǐ zán shí nián zǎn

的 还 多。都 是 一样 的 人，我 就 不 信 不如 他们！"
de hái duō. Dōu shì yíyàng de rén, wǒ jiù bú xìn bùrú tāmen!"

"哼！我 就 不 信 你 在 城里 也 能 盖上 像 咱 家 这样
"Hēng! Wǒ jiù bú xìn nǐ zài chéngli yě néng gàishang xiàng zán jiā zhèyàng

的 三 间 大 瓦房。"
de sān jiān dà wǎfáng."

面对 爹 满眼 不 相信 的 神情，小 吴 咬了咬 嘴唇， 憋出
Miànduì diē mǎnyǎn bù xiāngxìn de shénqíng, Xiǎo Wú yǎoleyǎo zuǐchún, biēchū

一 句 狠话："爹， 你 放心，我 一定 要 在 城里 买 房， 买 楼房，
yí jù hěnhuà: "Diē, nǐ fàngxīn, wǒ yídìng yào zài chéngli mǎi fáng, mǎi lóufáng,

把 你 和 我 娘 接到 城里，住上 亮亮堂堂 的 大楼房！" 娘
bǎ nǐ hé wǒ niáng jiēdào chéngli, zhùshang liàngliàngtángtáng de dàlóufáng!" Niáng

抬起 早已 哭红 的 眼睛，把 赶了 三 天 两 晚上 做完 的 一 双
táiqǐ zǎoyǐ kūhóng de yǎnjing, bǎ gǎnle sān tiān liǎng wǎnshang zuòwán de yì shuāng

[8]千层底 布鞋 塞到 儿子 的 手上，说："富贵 呀，娘 算 看透 了，
qiāncéngdǐ bùxié sāidào érzi de shǒushang, shuō: "Fùguì ya, niáng suàn kàntòu le,

你 的 心 早就 飞走 了，娘 就 不 留 你 了，去 吧，如果 遇到
nǐ de xīn zǎojiù fēizǒu le, niáng jiù bù liú nǐ le, qù ba, rúguǒ yùdào

危难 遭灾儿，别 硬挺着，家 的 门 总 敞着，爹 和 娘 候着 你！"
wēinàn zāozāir, bié yìngtǐngzhe, jiā de mén zǒng chǎngzhe, diē hé niáng hòuzhe nǐ!"

磨叨 mòdao [動] くどくど言う

丝毫 sīháo [形] いささか、ごくわずか

动摇 dòngyáo [動] 動揺している

挣 zhèng [動] 手に入れる、働いて得る、稼ぐ

攒 zǎn [動] ためる、蓄える、集める

神情 shénqíng [名] 表情. 面持ち

憋 biē [動] 我慢する、辛抱する、耐える

狠话 hěnhuà [名] 大きな決心をして言った話

楼房 lóufáng [名] 2 階建て以上の建物、ビル

接 jiē [動] 出迎える、迎える

亮堂 liàngtang [形] 明るい、輝いている

赶 gǎn [動] 急いで〜する、急ぐ

6　"钱"のコロケーション

挣钱 zhèngqián　　　攒钱 zǎnqián

赚钱 zhuànqián　　　赔钱 péiqián

凑钱 còuqián　　　存钱 cún qián

(☞第1課 講釈11)

7　挣的钱比咱十年攒的还多。 ── 比較文に用いる副詞"还"

ここの"还"は"还要"とも言い換えられる。主観性が強く、比喩を表すことも

心跳的比打钟还响。

Xīntiào de bǐ dǎ zhōng hái xiǎng.

他骨瘦如柴，胳膊比火柴棍还细。

Tā gǔ shòu rú chái, gēbo bǐ huǒcháigùn hái xì.

他比眼镜蛇还毒。

Tā bǐ yǎnjìngshé hái dú.

8　千层底布鞋 ── 布を何枚も重ねて手で縫いつけた靴底の靴

双 shuāng［量］組

千层底 qiāncéngdǐ［名］布を何枚も重ねて縫い
　つけた靴底、布靴の底

塞 sāi［動］詰め込む、押し込む

算 suàn［動］〜とみなす

看透 kàntòu［動］見抜く、見通す

危难 wēinàn［名］危険と災難

遭灾儿 zāozāir［動］災難に見舞われる

硬挺 yìngtǐng［動］無理に我慢する、無理をする

敞 chǎng［動］開け放す、開け放しにする

候 hòu［動］待つ

23 小吴 的 脚 刚 踏上 京城 的 地界，就 遇见了 老 张。
Xiǎo Wú de jiǎo gāng tàshang jīngchéng de dìjiè, jiù yùjiànle Lǎo Zhāng.

老 张 举着 招工 的 牌子，问："小老弟儿 找 活儿 吗？""找 9哇。"
Lǎo Zhāng jǔzhe zhāogōng de páizi, wèn: "Xiǎolǎodìr zhǎo huór ma?" "Zhǎo wa."

"跟 我 干 家装 咋样？""我 没 手艺。""我 带 你。""10那 中。"
"Gēn wǒ gàn jiāzhuāng zǎyàng?" "Wǒ méi shǒuyì." "Wǒ dài nǐ." "Nà zhōng."

三 年 过去 了，小吴 成了 家装 的 好 把式。老 张 也 从
Sān nián guòqu le, Xiǎo Wú chéngle jiāzhuāng de hǎo bǎshì. Lǎo Zhāng yě cóng

只有 小 吴 一 个 跟班 的，发展 成了 一 个 家装队。给 小 吴
zhǐyǒu Xiǎo Wú yí ge gēnbān de, fāzhǎn chéngle yí ge jiāzhuāngduì. Gěi Xiǎo Wú

开 的 月薪 也 由 头 一 年 的 600 涨到 1800。
kāi de yuèxīn yě yóu tóu yì nián de liùbǎi zhǎngdào yìqiānbā.

有 家装 公司 来 挖 小 吴 了，开价 是 月薪 3600。
Yǒu jiāzhuāng gōngsī lái wā Xiǎo Wú le, kāijià shì yuèxīn sānqiānliù.

小 吴 动心 了。他 心 想，靠 省吃 俭用 攒下 的 40,000 块 钱，还
Xiǎo Wú dòngxīn le. Tā xīn xiǎng, kào shěngchī jiǎnyòng zǎnxià de sìwàn kuài qián, hái

不够 买 半 个 卫生间。可 又 一 想，手艺 是 张 11师傅 教 的，
búgòu mǎi bàn ge wèishēngjiān. Kě yòu yì xiǎng, shǒuyì shì Zhāng shīfu jiāo de,

咱 12翅膀 刚 硬 就 飞 了，还 叫 人 吗？小吴 咬咬 牙，留下 了。
Zán chìbǎng gāng yìng jiù fēi le, hái jiào rén ma? Xiǎo Wú yǎoyao yá, liúxià le.

24 又 过了 三 年，老 张 的 家装 公司 成立 了，小吴 当上了
Yòu guòle sān nián, Lǎo Zhāng de jiāzhuāng gōngsī chénglì le, Xiǎo Wú dāngshangle

工长。小吴 的 月薪 涨到了 3600。又 有人 来 挖 小 吴 了。
gōngzhǎng. Xiǎo Wú de yuèxīn zhǎngdàole sānqiānliù. Yòu yǒu rén lái wā Xiǎo Wú le.

开价 是 月薪 7200。小吴 又 动心 了。心 想，靠 积攒下 的
Kāijià shì yuèxīn qīqiān'èr. Xiǎo Wú yòu dòngxīn le. Xīn xiǎng, kào jīzǎnxià de

150,000，就是 买 个 独单，还 不够 首付，可 又 一 想，老 张
shíwǔwàn, jiùshì mǎi ge dúdān, hái búgòu shǒufù, kě yòu yì xiǎng, Lǎo Zhāng

器重 咱，咱 不 能 黑了 良心。
qìzhòng zán, zán bù néng hēile liángxīn.

踏 tà [動] 踏む、踏み入る
地界 dìjiè [名] 土地の境界
招工 zhāogōng [動] 従業員を募集する
牌子 páizi [名] 看板、案内板

活儿 huór [名]（主に肉体的な）仕事
家装 jiāzhuāng [名] 家の内装、インテリア
咋样 zǎyàng [代][方] どんな、どう

04
楼房

9 "哇"、"喽" —— 語気助詞

哇 wa 語気助詞 "啊" が直前の韻母 u, ao, ou の影響で "ua" と発音される場合、その
音に当てる字。賛嘆、命令、驚き、疑問、肯定などの語気を表す

多好哇！ Duō hǎo wa!

快走哇，要迟到了。 Kuài zǒu wa, yào chídào le.

喽 lou〈～だよ〉人を呼びたてたり注意を促したりする時

开饭喽！ Kāifàn lou!

服务员，点菜！ Fúwùyuán, diǎncài! —— 哎，来喽！ Ai, lái lou!

10 "那中。"

"中"は方言〈よい、よろしい〉

这办法中。　　 Zhè bànfǎ zhōng.

你说中不中？　 Nǐ shuō zhōngbuzhōng?

"那中"は"那好！""那行！"に同じ。

11 "师傅"と"徒弟"に関する諺

严师出高徒。　　　　　　Yánshī chū gāotú.

师傅领进门，修行在各人。 Shīfu lǐngjìn mén, xiūxíng zài gèrén.

一日为师，终身为父。　　Yí rì wéi shī, zhōngshēn wéi fù.

教会徒弟，饿死师傅。　　Jiāohuì túdì, èsǐ shīfu.

12 翅膀刚硬就飞了。 —— 諺

"翅膀硬"〈一人前になる〉

孩子将来翅膀硬了，总会离开父母。
Háizi jiānglái chìbǎng yìng le, zǒng huì líkāi fùmǔ.

手艺 shǒuyì [名]（職人の)技量、腕前

带 dài [動] 引き連れる、弟子にとる

中 zhōng [動] よい、よろしい

把式 bǎshì [名] その道の達人、一人前

跟班 gēnbān [動] 作業グループに加わる

月薪 yuèxīn [名] 月給、給料

由 yóu [介]（起点を表す)～から、～より

头 tóu [形] 最初の、初めの

挖 wā [動] 引き抜く

开价 kāijià [動] 値段をつける

靠 kào [動] 頼る、あてにする、依存する

省吃俭用 shěngchī jiǎnyòng [動] 節約する

翅膀 chìbǎng [名] 羽、翼

积攒 jīzǎn [動] 少しずつ貯める

独单 dúdān [名] 1LDK、またはワンルーム

首付 shǒufù [名] 頭金

器重 qìzhòng [動]（目下の者に対して)重視する、高く評価する、能力を買う

黑 hēi [形] 悪い、腹黒い、あくどい

又 过了 三 年，老 张 的 家装 公司 更名 为 家装 工程
Yòu guòle sān nián, Lǎo Zhāng de jiāzhuāng gōngsī gēngmíng wéi jiāzhuāng gōngchéng

公司，有了 一定 规模。小 吴 当上了 分公司 的 经理，月薪
gōngsī, yǒule yídìng guīmó. Xiǎo Wú dāngshangle fēngōngsī de jīnglǐ, yuèxīn

涨到了 7200。先前 挖 小吴 的 公司 又 派人 来 当 说客，
zhǎngdàole qīqiān'èr. Xiānqián wā Xiǎo Wú de gōngsī yòu pài rén lái dāng shuōkè,

开价 月薪 15,000，年终 还 有 奖金。小 吴 这 回 真的 动 心
kāijià yuèxīn yíwànwǔ, niánzhōng hái yǒu jiǎngjīn. Xiǎo Wú zhè huí zhēnde dòng xīn

了，这 要是 再 干上 两 年，¹³指不定 在 爹娘 面前 许的 愿
le, zhè yàoshì zài gànshang liǎng nián, zhǐbudìng zài diēniáng miànqián xǔ de yuàn

就 能 实现 了！可是，小 吴 又 冷静 一 想，觉得 不 妥，¹⁴咱
jiù néng shíxiàn le! Kěshì, Xiǎo Wú yòu lěngjìng yì xiǎng, juéde bù tuǒ, zán

的 身价 不 是 人家 张 总 给 抬起来 的 吗？咱 拍拍 屁股 就
de shēnjià bú shì rénjia Zhāng zǒng gěi táiqǐlai de ma? Zán pāipai pìgu jiù

走 了，那 不 是 丧 良心 吗！
zǒu le, nà bú shì sàng liángxīn ma!

25 又 一 个 三 年 过去 了，这 三 年 里，老 张 的 家装 公司
Yòu yí ge sān nián guòqu le, zhè sān nián li, Lǎo Zhāng de jiāzhuāng gōngsī

¹⁵顺风 顺水，越 开 越 红火。可是，小 吴 却 不 那么 如意 了。
shùnfēng shùnshuǐ, yuè kāi yuè hónghuǒ. Kěshì, Xiǎo Wú què bú nàme rúyì le.

头 一 年，爹娘 在 乡下 给 小 吴 定了 个 亲，彩礼 用去了
Tóu yì nián, diēniáng zài xiāngxià gěi Xiǎo Wú dìngle ge qīn, cǎilǐ yòngqule

100,000。第 二 年，娘 又 被 查出了 乳腺癌，虽说 是 良性 的，
shíwàn. Dì èr nián, niáng yòu bèi cháchūle rǔxiàn'ái, Suīshuō shì liángxìng de,

手术 又 花去了 60,000 元。转年，爹 早年 的 咳嗽 毛病
shǒushù yòu huāqule liùwàn yuán. Zhuǎnnián, diē zǎonián de késou máobìng

发展成了 哮喘，小 吴 将 爹 接到了 京城，找了 最好 的 医院
fāzhǎnchéngle xiàochuǎn, Xiǎo Wú jiāng diē jiēdàole jīngchéng, zhǎole zuìhǎo de yīyuàn

给 爹 治病。待 爹 的 病 基本 治愈 后，小 吴 辛苦 十几 年 的
gěi diē zhìbìng. Dài diē de bìng jīběn zhìyù hòu, Xiǎo Wú xīnkǔ shíjǐ nián de

钱 也 所 剩 无 几 了。
qián yě suǒ shèng wú jǐ le.

更名 gēngmíng [動] 名前を変える
说客 shuìkè [名] 遊説の士
年终 niánzhōng [名] 年末
指不定 zhǐbudìng [動] 〜かどうか分からない

はっきりしない
许愿 xǔyuàn [動] 願をかける、約束する
妥 tuǒ [形] 妥当、穏当適切である
开 kāi [動] 開設する

13　指不定 —— 挿入句

「～かどうか分からない、はっきりしない」

よく用いる挿入句

你看 nǐ kàn	你听 nǐ tīng	据说 jùshuō	听说 tīngshuō
你看你 nǐ kàn nǐ	谁知道 shéi zhīdao	这么说 zhème shuō	
看起来 kànqǐlai	看上去 kànshangqu		
说不定 shuōbudìng	不瞒你说 bù mán nǐ shuō		
由此可见 yóu cǐ kějiàn	总而言之 zǒng'ér yán zhī	毫无疑问 háowú yíwèn	

看样子，笨蛋也不是我一个。　　Kàn yàngzi, bèndàn yě bú shì wǒ yí ge.
说实在的，我不太喜欢做运动。　Shuō shízài de, wǒ bútài xǐhuan zuò yùndòng.

04
楼房

14　咱 —— 代名詞

1)　(聞き手を含めて) おれたち、私たち
听说咱班要换班主任。　Tīngshuō zán bān yào huàn bānzhǔrèn.
咱乡下自打包产到户。

2)　〈方言〉おれ、私
你不说咱也明白。　Nǐ bù shuō zán yě míngbai.
咱翅膀刚硬就飞了，还叫人吗？
老张器重咱，咱不能黑了良心。

15　顺风顺水 —— "A～A～" 四字句

百依百顺 bǎi yī bǎi shùn	挨家挨户 āi jiā āi hù	人山人海 rén shān rén hǎi
所作所为 suǒ zuò suǒ wéi	好吃好喝 hǎo chī hǎo hē	
同心同德 tóng xīn tóng dé	暴饮暴食 bào yǐn bào shí	(☞第2課 講釈14)

身价 shēnjià [名] 身分、社会的地位
屁股 pìgu [名] 尻、臀部
丧 sàng [動] 失う
顺风顺水 shùnfēng shùnshuǐ [慣] 順調である
红火 hónghuǒ [形] 活気がある、勢いが盛んである
如意 rúyì [動] 意にかなう、気に入る
爹娘 diēniáng [名] 父母、両親

定亲 dìngqīn [動] 婚約する、縁談を決める
彩礼 cǎilǐ [名] 結納金
乳腺癌 rǔxiàn'ái [名] 乳がん
转年 zhuǎnnián [名] 来年、翌年
哮喘 xiàochuǎn [名] 喘息
待 dài [動] 待つ
所剩无几 suǒ shèng wú jǐ [成] いくらも残っていない

45

就 在 小 吴 灰心 泄气 地 准备 离开 京城 之际，老 张 对
Jiù zài Xiǎo Wú huīxīn xièqì de zhǔnbèi líkāi jīngchéng zhī jì, Lǎo Zhāng duì

被 接二 连三 的 家庭 打击 变得 [16]发蔫儿 的 小 吴 说：“你 最后
bèi jiē'èr liánsān de jiātíng dǎjī biànde fāniānr de Xiǎo Wú shuō: "Nǐ zuìhòu

再 帮 我 装饰 一 个 样板间 好 吗？”
zài bāng wǒ zhuāngshì yí ge yàngbǎnjiān hǎo ma?"

多年 的 友情 让 小 吴 无法 推辞，他 也 想 用 这些 年
Duōnián de yǒuqíng ràng Xiǎo Wú wúfǎ tuīcí, tā yě xiǎng yòng zhèxiē nián

积累 的 经验 和 学到 的 手艺，为 师傅、老板 兼 知己 的 老 张
jīlěi de jīngyàn hé xuédào de shǒuyì, wèi shīfu, lǎobǎn jiān zhījǐ de Lǎo Zhāng

留 个 念想儿，决定 用 最好 的 [17]工匠，最好 的 材料，打造 一 个
liú ge niànxiangr, juédìng yòng zuìhǎo de gōngjiàng, zuìhǎo de cáiliào, dǎzào yí ge

最佳 的 样板间。
zuìjiā de yàngbǎnjiān.

工程 交工 时 老 张 仔仔细细 地 将 房子 看了 一 遍，
Gōngchéng jiāogōng shí Lǎo Zhāng zǐzǐxìxì de jiāng fángzi kànle yí biàn,

露出了 满意 的 笑容。他 将 [18]一 串儿 钥匙 交到 小 吴 的 手里，
lòuchūle mǎnyì de xiàoróng. Tā jiāng yí chuànr yàoshi jiāodào Xiǎo Wú de shǒuli,

说：“打 今儿 起，这 房子 就 是 你 的 了，快 把 二老 和 媳妇
shuō: "Dǎ jīnr qǐ, zhè fángzi jiù shì nǐ de le, kuài bǎ èrlǎo hé xífu

接过来，择 个 好 日子，把 喜事儿 办 喽！”
jiēguòlai, zé ge hǎo rìzi, bǎ xǐshìr bàn lou!"

“这 可 是 200 来 万 的 房子 呀！凭 [19]啥 白 送给 我？”
"Zhè kě shì èrbǎi lái wàn de fángzi ya! Píng shá bái sònggěi wǒ?"

小 吴 懵懂 地 问。
Xiǎo Wú měngdǒng de wèn.

老 张 语重 心长 地 握着
Lǎo Zhāng yǔzhòng xīncháng de wòzhe

小 吴 的 手，说：“就 凭 你 的 良心！
Xiǎo Wú de shǒu, shuō: "Jiù píng nǐ de liángxīn!"

灰心泄气 huīxīn xièqì [组] 失望落胆する

接二连三 jiē'èr liánsān [成] 続けざまに、ひっきりなしに、次から次へと

发蔫儿 fāniānr [動] しおれる、元気をなくす

样板间 yàngbǎnjiān [名] モデルルーム

推辞 tuīcí [動] 辞退する、断る

积累 jīlěi [動] 蓄える、積み重ねる、積む

念想儿 niànxiangr [動] 懐かしく思う、恋しがる

16 发蔫儿 —— "发～" いずれも体の中からわき出るような感覚を表す

发热 fārè　　发紫 fāzǐ　　发痒 fāyǎng　　发蔫儿 fāniānr　　发麻 fāmá

发白 fābái　　发愣 fālèng　　发酸 fāsuān　　发凉 fā liáng　　发沉 fāchén

17 工匠 —— さまざまな "匠"

木匠 mùjiàng　　石匠 shíjiàng　　泥瓦匠 níwǎjiàng

皮匠 píjiàng　　铜匠 tóngjiàng　　铁匠 tiějiàng

18 一串钥匙 —— 量詞の形象性

一串钥匙 yí chuàn yàoshi / 一把钥匙 yì bǎ yàoshi

一线希望 yí xiàn xīwàng / 一丝希望 yì sī xīwàng

一块面包 yí kuài miànbāo / 一片面包 yí piàn miànbāo

一根烟 yì gēn yān / 一包烟 yì bāo yān / 一条烟 yì tiáo yān

一本书 yì běn shū / 一摞书 yí luò shū / 一箱书 yì xiāng shū

一滴水 yì dī shuǐ / 一滩水 yì tān shuǐ / 一瓶水 yì píng shuǐ

一丝笑容 yì sī xiàoróng、一束光 yí shù guāng、一捧空气 yì pěng kōngqì

面条上铺一层肉丝，面条里面还卧着两只鸡蛋。　　(☞第 7 课《洗澡》講釈 5)

19 "啥"、"咋" —— 方言

啥 shá 〈なに〉= 什么

有啥说啥 yǒu shá shuō shá / 你们在这儿干啥？Nǐmen zài zhèr gàn shá?

咋 zǎ 〈なぜ、どうして、どのような〉= 怎么

咋办？Zǎ bàn? / 你咋不回去？Nǐ zǎ bù huíqu?

跟我干家装咋样？

工匠 gōngjiàng［名］職人

打造 dǎzào［動］作り上げる、育成する

交工 jiāogōng［動］工事を仕上げ引き渡す

仔细 zǐxì［形］細心である、きめ細かい

满意 mǎnyì［動］心にかなう、気に入る

串 chuàn［量］（つながっているものを数える）さし、つながり

打今儿起 dǎ jīnr qǐ［介］（起点を表す）～から、～より

择 zé［動］選ぶ、選択する

喽 lou［助］～だよ。（人を呼びたてたり注意を促したりする）

凭 píng［介］～に基づいて、～に従って、～を根拠として

白 bái［副］金を払わずに、ただで

懵懂 měngdǒng［形］理解できない、訳がわからない

语重心长 yǔzhòng xīncháng［成］言葉に深い思いやりがある、真心を込めて

赖 海石 Lài Hǎishí

📄27　七十 多 岁 的 老太太 离开 ¹别墅，一 步 一 摇 地 向
Qīshí duō suì de lǎotàitai líkāi biéshù, yí bù yì yáo de xiàng

广场 走去。
guǎngchǎng zǒuqu.

一 辆 ²破破烂烂、没有 车牌 的 小 中巴，缓缓 启动，
Yí liàng pòpolànlàn, méiyou chēpái de xiǎo zhōngbā, huǎnhuǎn qǐdòng,

晃晃悠悠 地 跟在 后面。
huànghuangyōuyōu de gēnzài hòumian.

文化 广场，一 群 大妈 随着 音乐 起舞。老太太 远远
Wénhuà guǎngchǎng, yì qún dàmā suízhe yīnyuè qǐwǔ. Lǎotàitai yuǎnyuǎn

地 站在 她们 后面，跟着 做 动作：³甩手、抬 腿、扭头、弯腰……
de zhànzài tāmen hòumian, gēnzhe zuò dòngzuò: shuǎishǒu, tái tuǐ, niǔtóu, wānyāo......

突然，老太太 身体 一 歪，瘫软在 地。
Tūrán, lǎotàitai shēntǐ yì wāi, tānruǎnzài dì.

从 停在 广场边 的 破 中巴 上，跑下来 两 个 中年
Cóng tíngzài guǎngchǎngbiān de pò zhōngbā shang, pǎoxiàlai liǎng ge zhōngnián

汉子，抱起 老太太，手忙 脚乱 地 按、压、掐了 一 阵 后，
hànzi, bàoqǐ lǎotàitai, shǒumáng jiǎoluàn de àn, yā, qiāle yí zhèn hòu,

急急 慌慌 地 抬上 破 中巴。破 中巴 突突突 喘着 粗气
jíjí huānghuāng de táishang pò zhōngbā. Pò zhōngbā tūtūtū chuǎnzhe cūqì

向 医院 驶去。医院、急救室。医生们 正在 有条 不紊 地
xiàng yīyuàn shǐqu. Yīyuàn, jíjiùshì. Yīshēngmen zhèngzài yǒutiáo bùwěn de

抢救。一 个 护士 高声 喊："家属 家属，⁴去 收费处 ⁵缴费！"
qiǎngjiù. Yí ge hùshi gāoshēng hǎn: "Jiāshǔ jiāshǔ, qù shōufèichù jiǎofèi!"

未遂 wèisuì [動] 未遂である
破破烂烂 pòpolànlàn [形] ぼろになっている
中巴 zhōngbā [名] 中型バス
缓缓 huǎnhuǎn [副] ゆっくりと、ゆったりと
启动 qǐdòng [動] 始動する
晃悠 huàngyou [形] ゆらゆら揺れている

大妈 dàmā [名] おばさん
起舞 qǐwǔ [動] 舞う、踊る
甩手 shuǎishǒu [動] 腕を前後に大きく振る
抬腿 tái tuǐ 足を上げる
扭头 niǔtóu [動]（顔や体の）向きを変える
弯腰 wānyāo [動] 腰を曲げる、腰をかがめる

講釈 たれてもよいですか？

1 別墅

　中国では、一般に郊外や、農山村など景色が良く、空気が新鮮なところに建てられた一軒家を"別墅"と言う。"別墅"に住むことは一つのステータスシンボルである。

2 破破烂烂 ── AABB：形容詞の重ね型

AABB になるもの ──　漂亮 piàoliang　　清楚 qīngchu　　舒服 shūfu
（並列構造の語　口語）

马虎 mǎhu　　窝囊 wōnang　　迷糊 míhu
（マイナスの言葉も可）

AABB にならぬもの ──　伟大 wěidà　　崇高 chónggāo　　深远 shēnyuǎn
聪明 cōngming　　虚心 xūxīn　　舒适 shūshì
（肯定詞　第一発話で否定できぬ語）　　（☞第 2 課 講釈 3）

※「肯定詞」については、本課の末尾に補説を設けたので御参照
下さい。☞ p.57

3 甩手、抬腿

甩手 ──── 腕を前後に大きく振る動作。歩くときに自然と腕を前後に振るのも。
比喩的に〈ほったらかす、ほっぽりだす〉意

抬腿 ──── 足をけり上げる
共に中国の老人が体を鍛えるために取り込んでいる動作。

4 去收费处交费 ──「会計の窓口へ行って、勘定してください」先払い

中国は、病院ではすべての費用は先払いである。

5 交费 / 缴费 ── 類義語　費用を払う

交费 ──── 一般的支払い、買い物など
缴费 ──── 税金など、公共の支払い

我去交费，你在这儿等我。　　Wǒ qù jiāofèi, nǐ zài zhèr děng wǒ.
结婚登记注册必须缴费。　　　Jiéhūn dēngjì zhùcè bìxū jiǎofèi.

歪 wāi［形］斜めになっている、傾いている
瘫软 tānruǎn［形］体の力が抜けて動けないさま
汉子 hànzi［名］男、男子
手忙脚乱 shǒumáng jiǎoluàn［成］慌てふためく、きりきり舞いする
压 yā［動］押さえつける、押さえる

掐 qiā［動］指先で強く押す
阵 zhèn［量］ある短い期間を表す
急急慌慌 jíji huānghuāng［形］慌ただしい、せわしい
驶 shǐ［動］疾走する、駆ける
有条不紊 yǒutiáo bùwěn［成］整然としている

中年 汉子 迟迟疑疑 地 向 收费处 走去。在 收费 窗口，
Zhōngnián hànzi chíchíyíyí de xiàng shōufèichù zǒuqu. Zài shōufèi chuāngkǒu,

中年 汉子 对 护士 说："护士， 我 是 送 老太太 过来 的，
zhōngnián hànzi duì hùshi shuō: "Hùshi, wǒ shì sòng lǎotàitai guòlai de,

我 不 是 [6]家属。我 有 她 儿子 的 电话。我 的 手机 打不了，
wǒ bú shì jiāshǔ Wǒ yǒu tā érzi de diànhuà. Wǒ de shǒujī dǎbuliǎo,

我 报 号码 你 打 一下 她 儿子 的 电话 好 吗？"
wǒ bào hàomǎ nǐ dǎ yíxià tā érzi de diànhuà hǎo ma?"

护士 打完 电话，往 窗外 一 瞧，中年 汉子 早 跑 没 影 了。
Hùshi dǎwán diànhuà, wǎng chuāngwài yì qiáo, zhōngnián hànzi zǎo pǎo méi yǐng le.

🔊 28 三 天 后。小 酒馆。
Sān tiān hòu. Xiǎo jiǔguǎn.

彭 老板 举 杯："任 大成， 来， 我 先 敬 你 一 杯。谢谢
Péng lǎobǎn jǔ bēi: "Rén Dàchéng, lái, wǒ xiān jìng nǐ yì bēi. Xièxie

你 把 我 妈 送 医院， 救了 她 [7]一 条 命。"又 说，"我 有
nǐ bǎ wǒ mā sòng yīyuàn, jiùle tā yì tiáo mìng." Yòu shuō, "Wǒ yǒu

一 事 不解， 你 为 什么 不 用 手机 直接 打 我 的 电话？
yí shì bùjiě, nǐ wèi shénme bú yòng shǒujī zhíjiē dǎ wǒ de diànhuà?

为 什么 叫 医院 打？ 护士 打 电话 的 时候 你 为 什么 要
Wèi shénme jiào yīyuàn dǎ? Hùshi dǎ diànhuà de shíhou nǐ wèi shénme yào

跑掉？ 如果 不 检查 医院 监控， 我 都 不 知道 是 你 送 我
pǎodiào? Rúguǒ bù jiǎnchá yīyuàn jiānkòng, wǒ dōu bù zhīdào shì nǐ sòng wǒ

妈 来 的 医院。"
mā lái de yīyuàn."

任 大成 说："我 的 手机 那时 [8]刚好 出 问题 了，打不了。
Rén Dàchéng shuō: "Wǒ de shǒujī nàshí gānghǎo chū wèntí le, dǎbuliǎo.

我 跑掉 是 因为 我 有 事 要 办， 怕 医院 误会，[9]以为 我 是
Wǒ pǎodiào shì yīnwèi wǒ yǒu shì yào bàn, pà yīyuàn wùhuì, yǐwéi wǒ shì

肇事者， 抓住 我 不 放。"
zhàoshìzhě, zhuāzhù wǒ bú fàng."

迟疑 chíyí [形] ためらうさま
报 bào [動] 告げる、伝える
瞧 qiáo [動] 見る

举杯 jǔ bēi [組] 杯をあげる
敬杯 jìng bēi [組] 酒を勧める、献上する
不解 bùjiě [動] 理解できない、分からない

6 家属 / 家族 / 家人 / 家眷 —— 類義語

"家属"は（本人を除いた）家族を指す。"家族"は（同じ血統・氏族に属する）一家親族、一族を指す。"家人"は家族の人、家の者を指す。"家眷"は妻、あるいは妻と子女をさす

医生打算和患者家属面谈。　Yīshēng dǎsuan hé huànzhě jiāshǔ miàntán.

她是军人家属，请照顾一下。　Tā shì jūnrén jiāshǔ, qǐng zhàogù yíxià.

他正在写一本关于犹太人家族的书。　Tā zhèngzài xiě yì běn guānyú Yóutàirén jiāzú de shū.

我不想和家人分开。　Wǒ bù xiǎng hé jiārén fēnkāi.

中秋佳节，家人团聚，其乐融融。　Zhōngqiū jiājié, jiārén tuánjù, qílè róngróng.

张教授是前年带着家眷来到日本的。
Zhāng jiàoshòu shì qiánnián dàizhe jiājuàn láidào Rìběn de.

7 一条命 —— 量詞"条"事物を「細長」いという点に着目して数える

一条绳子 yì tiáo shéngzi / 领带 lǐngdài / 裙子 qúnzi / 蛇 shé

狗 gǒu / 鱼 yú / 船 chuán / 河 hé / 新闻 xīnwén / 消息 xiāoxi

两条腿 liǎng tiáo tuǐ / 浓眉 nóngméi / 青筋 qīngjīn / 道路 dàolù

几条街 jiē / 皱纹 zhòuwén / 胡同 hútòng

8 刚好 / 恰好 —— 類義語

"恰好"は「望むこと」と「具合よく」一致することに重点がある
"刚好"は"恰好"と似た用法のほかに、好ましくない場合にも用いることができる

你要的资料恰好（/ 刚好）我有。
Nǐ yào de zīliào qiàhǎo (/gānghǎo) wǒ yǒu.

你来找我的时候，刚好我不在家。（× 恰好）
Nǐ lái zhǎo wǒ de shíhou, gānghǎo wǒ bú zàijiā.

我的手机那时刚好出问题了，打不了。（× 恰好）

9 以为我是肇事者 —— 中国の交通事故

　中国では、交通事故にあった人を助けようとして、逆に事故の張本人だと濡れ衣を着せられて、賠償金まで払わせられた事例がある。そういうわけで現在は道路で事故にあった人を見ても、知らぬふりをして通りすぎる人が増えてきている。一方、近年道路に監視カメラが多く設置してあるおかげで、冤罪を免れた人も多い。

误会 wùhuì ［動］誤解する、勘違いする　　家属 jiāshǔ ［名］（本人を除いた）家族
肇事者 zhàoshìzhě ［名］騒動の張本人　　　收费 shōufèi ［動］費用を徴収する
抢救 qiǎngjiù ［動］救命措置をとる　　　　交费 jiāofèi ［動］費用を支払う

彭 老板 说："哦，[10] 原来 是 这样。你 是 我 的 恩人，我 会
Péng lǎobǎn shuō: "Ò, yuánlái shì zhèyàng. Nǐ shì wǒ de ēnrén, wǒ huì

永远 记住 你 的。另外，欠 你 那 八十 万 工程 款，我 一定
yǒngyuǎn jìzhù nǐ de. Lìngwài, qiàn nǐ nà bāshí wàn gōngchéng kuǎn, wǒ yídìng

想 办法 结清 给 你。你 等 我 的 好 消息。来，我 再 敬 你 一
xiǎng bànfǎ jiéqīng gěi nǐ. Nǐ děng wǒ de hǎo xiāoxi. Lái, wǒ zài jìng nǐ yì

杯。"
bēi."

29 这 回 彭 老板 没有 食言，半 个 月 后，他 把 八十 多 万
Zhè huí Péng lǎobǎn méiyou shíyán, bàn ge yuè hòu, tā bǎ bāshí duō wàn

元 转到了 任 大成 账上。任 大成 手下 的 二十 多 个
yuán zhuǎndàole Rén Dàchéng zhàngshang. Rén Dàchéng shǒuxià de èrshí duō ge

工人 师傅 终于 可以 安安心心 过 个 年 了。虽然[11] 拖欠了 两 年
gōngrén shīfu zhōngyú kěyǐ ān'ānxīnxīn guò ge nián le. Suīrán tuōqiànle liǎng nián

多，但是 却 总算 有了 圆满 结果。把 钱款 分发给 工人 后，
duō, dànshì què zǒngsuàn yǒule yuánmǎn jiéguǒ. Bǎ qiánkuǎn fēnfāgěi gōngrén hòu,

任 大成 打算 请 彭 老板 喝 一 次 酒 表示 感谢。
Rén Dàchéng dǎsuan qǐng Péng lǎobǎn hē yí cì jiǔ biǎoshì gǎnxiè.

按响 别墅 门铃 后，出来 开门 的 是 一 个 陌生 的 老爷子。
Ànxiǎng biéshù ménlíng hòu, chūlái kāimén de shì yí ge mòshēng de lǎoyézi.

任 大成 疑惑 地 问："请问 彭 老板 在 家 吗？"
Rén Dàchéng yíhuò de wèn: "Qǐngwèn Péng lǎobǎn zài jiā ma?"

"你 是 说 这 别墅 原来 的 主人 吗？"老爷子 说，"他 把
"Nǐ shì shuō zhè biéshù yuánlái de zhǔrén ma?" Lǎoyézi shuō, "Tā bǎ

别墅 卖给 我们 了，他 搬走 了。"
biéshù màigěi wǒmen le, tā bānzǒu le."

任 大成 很 吃惊，难道 彭 老板 为了 结 工钱 把 别墅[12] 都
Rén Dàchéng hěn chījīng, nándào Péng lǎobǎn wèile jié gōngqián bǎ biéshù dōu

卖 了？
mài le?

结清 jiéqīng [動] きれいに清算する　　转到 zhuǎndào [動] 振り替える
食言 shíyán [動] 約束を破る　　拖欠 tuōqiàn [動] 支払いを滞らせる、返済を延ばす

10 本来 / 原来 —— 類義語

　"本来"は副詞で、「もともと (の本質)」や「本来 (の姿)」を表し、「初めの (姿や状態)」を問題にするときに使われる
　"原来"は名詞で、「以前」「当初」「昔」を表し、"后来"や"现在"という時間と対比をなす

我本来学医，后来才改学文学。　Wǒ běnlái xué yī, hòulái cái gǎi xué wénxué.
爸爸原来不会做饭，现在会了。　Bàba yuánlái bú huì zuòfàn, xiànzài huì le.

　また、"本来"は「道理から言って当然であること」を、"原来"は、副詞として、「それまで気づかなかった状況や真相に思い至った」ことを表す。

男孩子本来就应该先立业后成家！
Nánháizi běnlái jiù yīnggāi xiān lìyè hòu chéngjiā!

原来是你！Yuánlái shì nǐ!

哦，原来是这样！

11 拖欠了两年多 —— 中国の "农民工 nóngmíngōng" 事情

　中国では、出稼ぎ労働者のほとんどは農村から来た人で、"农民工"と呼ばれる。危険、きつい、汚いという三Kの仕事している割に、賃金は安い。その上支払いがよく滞る。大抵"农民工"たちが騒動を起こし、死傷者まで出して、ようやく問題が解決するという現状が今でも続いている。

12 都 —— [副]「〜さえ、〜すら」程度が甚だしいことを表す

我把他的名字都忘了。　　　　　Wǒ bǎ tā de míngzi dōu wàng le.
出国以后，他一次都没回过老家。　Chūguó yǐhòu, tā yí cì dōu méi huíguo lǎojiā.
今天忙得连饭都没吃呢。　　　　Jīntiān mángde lián fàn dōu méi chī ne.

05

未
遂

総算 zǒngsuàn［副］どうにか、やっと　　　疑惑 yíhuò［動］訝しく思う、腑に落ちない
陌生 mòshēng［形］馴染みがない、疎い

📱30 他 [13]拨通了 彭 老板 的 电话："彭 老板，我 到 你 别墅 找
　　Tā　　bōtōngle Péng lǎobǎn de diànhuà: "Péng lǎobǎn, wǒ dào nǐ biéshù zhǎo

你，才 知道 你 卖了 房子，你 现在 住 哪里？"
nǐ, cái zhīdao nǐ màile fángzi, nǐ xiànzài zhù nǎli?"

"我 在 老围 租 房子 住。"
"Wǒ zài Lǎowéi zū fángzi zhù."

老围？任 大成 知道，老围 可 都 是 百 多 年 前 的 土坯
Lǎowéi? Rén Dàchéng zhīdao, Lǎowéi kě dōu shì bǎi duō nián qián de tǔpī

瓦房，而且 是 危房，没 几 个 人 在 那里 住。难道 彭 老板
wǎfáng, érqiě shì wēifáng, méi jǐ ge rén zài nàli zhù. Nándào Péng lǎobǎn

穷到了 这 种 程度？任 大成 说了 句："我 过去 找 你。"也 不
qióngdàole zhè zhǒng chéngdù? Rén Dàchéng shuōle jù: "Wǒ guòqu zhǎo nǐ." Yě bù

等 彭 老板 回话，就 挂断了 电话。
děng Péng lǎobǎn huíhuà, jiù guàduànle diànhuà.

📱31 老围 路口。彭 老板 早已 站在 那里 等候。
　　Lǎowéi lùkǒu. Péng lǎobǎn zǎoyǐ zhànzài nàli děnghòu.

任 大成 说："走，去 你 家 看看。"
Rén Dàchéng shuō: "Zǒu, qù nǐ jiā kànkan."

彭 老板 说："看 啥，想 耻笑 我 落魄？走，喝 酒 去。"
Péng lǎobǎn shuō: "Kàn shá, xiǎng chǐxiào wǒ luòpò? Zǒu, hē jiǔ qù."

硬 拉 任 大成 进了 旁边 的 小 酒馆。
Yìng lā Rén Dàchéng jìnle pángbiān de xiǎo jiǔguǎn.

[14]任 大成 举 杯："彭 老板，今天 我 先 敬 你，我 代表 二十
Rén Dàchéng jǔ bēi: "Péng lǎobǎn, jīntiān wǒ xiān jìng nǐ, wǒ dàibiǎo èrshí

多 个 工人 师傅 敬 你，为了 给 工人 发 工资，你 把 别墅 都
duō ge gōngrén shīfu jìng nǐ, wèile gěi gōngrén fā gōngzī, nǐ bǎ biéshù dōu

卖 了。我们 以后 还 跟着 你 干。你 会 [15]东山 再起 的。别墅
mài le. Wǒmen yǐhòu hái gēnzhe nǐ gàn. Nǐ huì dōngshān zàiqǐ de. Biéshù

也 [16]会 再 回来 的。"
yě huì zài huílai de."

拨通 bōtōng［動］（電話を）通じせる、ダイヤル　　瓦房 wǎfáng［名］かわらぶきの家
　　をして接続する　　　　　　　　　　　　　　　危房 wēifáng［名］倒壊の危険のある家屋
老围 Lǎowéi［固］地名　　　　　　　　　　　　挂断 guàduàn［動］（電話を）切る
土坯 tǔpī［名］日干しれんが

13 拨通了电话 —— **言葉は昔のまま（"拨"はダイヤルを回すこと）**

也不等彭老板回话，就挂断了电话。（"手机"なら"关"を使う）

冷烫 lěngtàng　　干洗 gānxǐ　　红墨水 hóngmòshuǐ

14 姓の読み方

任 rén　　解 xiè　　华 huà　　朴 piáo
仇 qiú　　查 zhā　　单 shàn　　曾 zēng

15 东山再起 —— **典拠のある成語**

"东山再起" —— 晋代、東山に隠棲（いんせい）していた謝安が再び世に出て高官に
なったという故事から。再起する、昔の勢力を盛り返すこと。

你会东山再起的。别墅也会再回来的。

チャレンジ

次の成語の典拠を調べてみよう。

名落孙山 míngluò sūnshān　　　画蛇添足 huàshé tiānzú
刻舟求剑 kèzhōu qiújiàn　　　一叶障目 yíyè zhàngmù
三顾茅庐 sāngù máolú　　　道听途说 dàotīng túshuō

16 "会～的" —— **「～する可能性がある、～するはずである」**
　　　　　　　　　　　"的"は断定を強める

我们会成功的。　　　　　　　Wǒmen huì chénggōng de.
人生的春天一定会来的。　　　Rénshēng de chūntiān yídìng huì lái de.
别再诉苦了，会招人烦的。　　Bié zài sùkǔ le, huì zhāo rén fán de.

耻笑 chǐxiào［動］あざ笑う、嘲笑する　　　拉 lā［動］引く、引き寄せる
落魄 luòpò［形］落ちぶれている　　　　　东山再起 dōngshān zàiqǐ［成］昔の勢力を盛り
硬 yìng［副］無理に、どうしても　　　　　　返す

05

未遂

彭 老板 声音 有点 哽咽:"我 不 是 不 知道 你们 的 难处。
Péng lǎobǎn shēngyīn yǒudiǎn gěngyè: "Wǒ bú shì bù zhīdào nǐmen de nánchù.

我 如果 不 是 被 别人 骗了 二百 多 万,怎么 会 拖欠 你们
Wǒ rúguǒ bú shì bèi biéren piànle èrbǎi duō wàn, zěnme huì tuōqiàn nǐmen

那么 久……"
nàme jiǔ……"

 32 [17]任 大成 的 眼睛 有点 湿润,又 举起 一 杯 酒:"彭 老板,
Rén Dàchéng de yǎnjing yǒudiǎn shīrùn, you jǔqǐ yì bēi jiǔ: "Péng lǎobǎn,

我 以前 对 你 有 误会,[18]以为 你 故意 拖欠 我们 的 工资。
wǒ yǐqián duì nǐ yǒu wùhuì, yǐwéi nǐ gùyì tuōqiàn wǒmen de gōngzī.

我 自 罚 一 杯。"说着 一 饮 而 尽。
Wǒ zì fá yì bēi." Shuōzhe yì yǐn ér jìn.

那天,在 文化 广场,任 大成 和 另 一 个 中年 汉子 本来
Nàtiān, zài wénhuà guǎngchǎng, Rén Dàchéng hé lìng yí ge zhōngnián hànzi běnlái

是 想 绑架 彭 老板 的 母亲 来 逼迫 彭 老板 结清 欠款 的,
shì xiǎng bǎngjià Péng lǎobǎn de mǔqin lái bīpò Péng lǎobǎn jiéqīng qiànkuǎn de,

没 想到 还 没 开始 行动,老太太 就 突然 晕倒 了,他们 只好
méi xiǎngdào hái méi kāishǐ xíngdòng, lǎotàitai jiù tūrán yūndǎo le, tāmen zhǐhǎo

把 她 送到 医院。否则……否则,任 大成 现在 就 [19]不 是 坐在
bǎ tā sòngdào yīyuàn. Fǒuzé ……fǒuzé, Rén Dàchéng xiànzài jiù bú shì zuòzài

这里 喝 酒,而 是 蹲在 大牢 里 了。
zhèli hē jiǔ, ér shì dūnzài dàláo li le.

哽咽 gěngyè [動] 悲しみにむせぶ、むせび泣く、涙で声が詰まる
难处 nánchu [名] 困難、悩み、問題
湿润 shīrùn [形] 湿り気がある、湿潤である
一饮而尽 yì yǐn ér jìn 一気に飲み干す
绑架 bǎngjià [動] 拉致する、誘拐する
逼迫 bīpò [動] 強制する、無理強いする、強要する

05
未遂

56

17 任大成的眼睛有点湿润，── 「涙」で終わる

ショートショートの最後はよく「涙」で終わる

眼圈儿红了　　　　　　yǎnquānr hóng le
眼里充满了泪水　　　　yǎnli chōngmǎnle lèishuǐ
泪如泉涌　　　　　　　lèi rú quán yǒng
在座的无不掉下了热泪　zàizuò de wú bú diàoxiàle rèlèi

18 以为 / 认为 ── 類義語

思い違いや誤解をしていた時、"以为"を用いる。"认为"はよく考えての判断を表す

你是日本人呀，我一直以为你是韩国人。（×认为）
Nǐ shì Rìběnrén ya, wǒ yìzhí yǐwéi nǐ shì Hánguórén.

我认为教师也应该有幽默感。
Wǒ rènwéi jiàoshī yě yīnggāi yǒu yōumògǎn.

我认为总统这次的决定非常英明。
Wǒ rènwéi zǒngtǒng zhè cì de juédìng fēicháng yīngmíng.

19 "不是~而是~" ── 呼応表現「~ではなく、~である」

这次不是演习，而是实战。
Zhè cì bú shì yǎnxí, ér shì shízhàn.

老李不是不想当老师，而是没当成。
Lǎo Lǐ bú shì bù xiǎng dāng lǎoshī, ér shì méi dāngchéng.

这次不是小王不想去，而是她爸不让她去。
Zhè cì bú shì Xiǎo Wáng bù xiǎng qù, ér shì tā bà bú ràng tā qù.

「肯定詞」について

　二十代の頃，"很不"に生起する形容詞を考えたことがあった。結論の一つは"褒义词"であることであった。"很不好"や"很不干净"と言える。但し"褒义词"でも"优秀"や"伟大"は"很不"に生起できなかった。"优秀"や"伟大"は普通の形容詞とはちがう。「＋度外れ」とでもいう性質を持っている。「寒い」に「＋度外れ」要素が加わると「しばれる」になる。［悪い］なら「あくどい」になる。このような「＋度外れ」形容詞は日中を問わずひとつの特徴を持つ。即ち「いきなり否定形で使えない」，つまり何の前提もなく，第一発話として「今日はしばれない」とは言えない。肯定形の「今日はしばれる」は言える。このような形容詞を「肯定詞」と呼んでみた。他にも"雪白"や"笔直"などさらには"黑洞洞"や"热乎乎"などは否定そのものができない。こういうのも肯定詞と呼べるのではないか。（相原茂）

欠款 qiànkuǎn ［名］借金、負債　　　　否则 fǒuzé ［接］そうでないと、さもなければ
晕倒 yūndǎo ［組］気絶して倒れる　　　蹲大牢 dūn dàláo ［組］刑務所に入る

凤凰 Fènghuáng

📖33 尽管 吴 艳红 考上了 大学，但是 由于 家里 穷，父亲 也 早
Jǐnguǎn Wú Yànhóng kǎoshangle dàxué, dànshì yóuyú jiāli qióng, fùqin yě zǎo

逝，母亲 又 有 病，弟弟 也 上 中学 了，她[1]不 得 不 放弃 上
shì, mǔqin yòu yǒu bìng, dìdi yě shàng zhōngxué le, tā bù dé bù fàngqì shàng

大学 的 机会，到 城里 的 大千 超市 当了 一 名 收银员。每天，
dàxué de jīhuì, dào chéngli de Dàqiān chāoshì dāngle yì míng shōuyínyuán. Měitiān,

吴 艳红 从 早 忙到 晚，站得 两 腿 发酸。本来，她 可以 轮休，
Wú Yànhóng cóng zǎo mángdào wǎn, zhànde liǎng tuǐ fāsuān. Běnlái, tā kěyǐ lúnxiū,

但是 她 放弃 了，她 想 多 上班 多 挣钱。因为，她 还 想着
dànshì tā fàngqì le, tā xiǎng duō shàngbān duō zhèngqián. Yīnwèi, tā hái xiǎngzhe

上 大学，她 想 自己 挣到 一 笔 钱 后 再 去 上 大学。
shàng dàxué, tā xiǎng zìjǐ zhèngdào yì bǐ qián hòu zài qù shàng dàxué.

让 吴 艳红 没有 想到 的 是，她 上班 还 不 到 一 个 月，
Ràng Wú Yànhóng méiyou xiǎngdào de shì, tā shàngbān hái bú dào yí ge yuè,

家里 就[2]出事 了，母亲 在 雨天 出门 干活儿，[3]不 小心 摔了 一 跤，
jiāli jiù chūshì le, mǔqin zài yǔtiān chūmén gànhuór, bù xiǎoxīn shuāile yì jiāo,

[4]摔得 可 不 轻，住进了 医院。弟弟 打来 电话，叫 吴 艳红 赶紧
shuāide kě bù qīng, zhùjìnle yīyuàn. Dìdi dǎlai diànhuà, jiào Wú Yànhóng gǎnjǐn

给 家里 寄1000 块 钱 回去。吴 艳红[5]哪里 有 钱 寄回 家 啊？
gěi jiāli jì yìqiān kuài qián huíqu. Wú Yànhóng nǎli yǒu qián jìhuí jiā a?

1000 块 钱，她 一 个 月 的 工资 也 没 这么 多 啊！况且 眼下
Yìqiān kuài qián, tā yí ge yuè de gōngzī yě méi zhème duō a! Kuàngqiě yǎnxià

还 没有[6]发 工资。吴 艳红 想 找 人 借，可 跟 谁 借 啊？自己 才
hái méiyou fā gōngzī. Wú Yànhóng xiǎng zhǎo rén jiè, kě gēn shéi jiè a? Zìjǐ cái

---

逝 shì［動］亡くなる、逝去する

收银员 shōuyínyuán［名］レジ係

轮休 lúnxiū［動］交替で休みをとる、順番に休みをとる

出事 chūshì［動］事故が発生する、事故を起こす、事が起きる

講釈 たれてもよいですか？

1 不得不 —— 二重否定で肯定を表す。"不能不、不会不"

她不得不放弃上大学的机会，……（只得）

"你也来了？""不能不来啊，这是任务。"（只能）
"Nǐ yě lái le?" "Bù néng bù lái a, zhè shì rènwu."

孩子，妈妈永远不会不爱你的。（只会）
Háizi, māma yǒngyuǎn bú huì bú ài nǐ de.

2 出事了 —— 災い、事故が起きた

校车出事了，你快去看看吧。Xiàochē chūshì le, nǐ kuài qù kànkan ba.
不好了，世贸大厦出事了，快看电视！
Bù hǎo le, Shìmào dàshà chūshì le, kuài kàn diànshì!

3 不小心 ——「不注意にも、うっかりして」後ろに悪い結果を導く

不小心掉进了冰窟窿。Bù xiǎoxīn diàojìnle bīngkūlong.

她蹬着自行车匆忙赶路，不小心摔了一跤。
Tā dēngzhe zìxíngchē cōngmáng gǎnlù, bù xiǎoxīn shuāile yì jiāo.

4 摔得可不轻 ——「"可"＋"不"＋形容詞」語気を強める

她摸了摸孩子的额头，"孩子烧得可不轻！"
Tā mōle mō háizi de étou, "háizi shāode kě bù qīng!"

可不容易 kě bù róngyi   可不简单 kě bù jiǎndān

可不少 kě bù shǎo   可不低 kě bù dī   可不小 kě bù xiǎo

5 哪里有钱寄回家啊？ ——「"哪儿/哪里"を用いる」反語文

我哪儿有时间陪你逛街？   Wǒ nǎr yǒu shíjiān péi nǐ guàng jiē?
他哪里有爱心？他自私得很。 Tā nǎli yǒu àixīn? Tā zìsīde hěn.

6 发工资 ——"工资"のコロケーション

发工资 fā gōngzī 领工资 lǐng gōngzī 拿工资 ná gōngzī 挣工资 zhèng gōngzī

涨工资 zhǎng gōngzī 加工资 jiā gōngzī 扣工资 kòu gōngzī

06

人生不是演习

来 上班 不久，[7]就是 跟 人 借，别人 肯 借 吗？找 超市 借，那
lái shàngbān bùjiǔ, jiùshì gēn rén jiè, biéren kěn jiè ma? Zhǎo chāoshì jiè, nà

也 不行 啊！吴 艳红[8]一 筹 莫 展，上班 也 有些 精神 恍惚。
yě bùxíng a! Wú Yànhóng yì chóu mò zhǎn, shàngbān yě yǒuxiē jīngshén huǎnghū.

34 这天，吴 艳红 听说 中心街 的 大友 超市 昨晚 突然 停电，
Zhètiān, Wú Yànhóng tīngshuō zhōngxīnjiē de Dàyǒu chāoshì zuówǎn tūrán tíngdiàn,

东西 丢了 不 少，收银台 的 钱 也 丢了 不 少。吴 艳红 听了 心里
dōngxi diūle bù shǎo, shōuyíntái de qián yě diūle bù shǎo. Wú Yànhóng tīngle xīnli

一 动，她 想 要是 自己 的 超市 也 在 晚上 停电 就 好 了，
yí dòng, tā xiǎng yàoshi zìjǐ de chāoshì yě zài wǎnshang tíngdiàn jiù hǎo le,

那样 自己 就 可以[9]趁 乱 拿 钱柜 里 的 钱。吴 艳红 这么 一
nàyàng zìjǐ jiù kěyǐ chèn luàn ná qiánguì li de qián. Wú Yànhóng zhème yì

想，脸 不由得 就 红 了，她 觉得 自己 的 想法 太 坏 了。
xiǎng, liǎn bùyóude jiù hóng le, tā juéde zìjǐ de xiǎngfǎ tài huài le.

让 吴 艳红 没 想到 的 是，这天 晚上，就 在 超市 快
Ràng Wú Yànhóng méi xiǎngdào de shì, zhè tiān wǎnshang, jiù zài chāoshì kuài

关门 的 时候，超市 里 突然 停电 了。一时 之间，超市 里 伸手
guānmén de shíhou, chāoshì li tūrán tíngdiàn le. Yìshí zhījiān, chāoshì li shēnshǒu

不 见 五指，人们 发出 尖叫 声、救命 声，[10]似乎 一 场 灾难 来 了。
bú jiàn wǔzhǐ, rénmen fāchū jiānjiào shēng、jiùmìng shēng, sìhū yì chǎng zāinàn lái le.

突然，有 收银员 尖叫起来："有 人 抢 钱 啦！有 人 抢 钱 了！"
Tūrán, yǒu shōuyínyuán jiānjiàoqǐlai: "Yǒu rén qiǎng qián la! Yǒu rén qiǎng qián le!"

紧接着，抢 钱 的 尖叫声[11]此 起 彼 伏。
Jǐnjiēzhe, qiǎng qián de jiānjiàoshēng cǐ qǐ bǐ fú.

35 吴 艳红 伸手 去 抓 钱柜 里 的 钱，手 却 剧烈 地 颤抖
Wú Yànhóng shēnshǒu qù zhuā qiánguì li de qián, shǒu què jùliè de chàndǒu-

起来，她 的 脸 也 迅速 地 发热了起来，她 想，我 这 是 做 贼 呢！
qǐlai, tā de liǎn yě xùnsù de fārèleqǐlai, tā xiǎng, wǒ zhè shì zuò zéi ne!

难 nàn [名] 災難、災厄

一筹莫展 yì chóu mò zhǎn [成] なんの方策も とれない、手の施しようがない

恍惚 huǎnghū [形] ぼうっとしている

动心 dòngxīn [動] 心が動く、心を動かす

一时 yìshí [副] 一瞬、とっさ

伸手不见五指 shēnshǒu bú jiàn wǔzhǐ [慣] 真っ 暗であるさま

7 就是跟人借，别人肯借吗？ ──「貸す」も「借りる」も"借"

1) **借りる**　向姐姐借钱　　　　　　xiàng jiějie jiè qián
　　　　　　跟朋友借了本汉语词典。　　Gēn péngyou jièle běn Hànyǔ cídiǎn.

2) **貸す**　　借钱给妹妹　　　　　　jiè qián gěi mèimei
　　　　　　仅有的一台电脑也借出去了。　Jǐn yǒu de yì tái diànnǎo yě jièchūqu le.
　　　　　　你的手机借我用一下好吗？　Nǐ de shǒujī jiè wǒ yòng yíxià hǎo ma?
　　　　　"租"zū も同様

8 一筹莫展 ──"一～不～"四字句

一丝不苟 yì sī bù gǒu　　　一窍不通 yí qiào bù tōng　　　一毛不拔 yì máo bù bá
一钱不值 yì qián bù zhí　　　一丝不挂 yì sī bú guà　　　一字不漏 yí zì bú lòu

9 趁 ──［介詞］時間・条件・機会を利用して、機に乗じて

趁热吃吧，不等他了。　　　　　Chèn rè chī ba, bù děng tā le.
趁大家都在，咱们合个影吧。　　Chèn dàjiā dōu zài, zánmen hé ge yǐng ba.
趁年轻，多出去走走。　　　　　Chèn niánqīng, duō chūqu zǒuzou.

10 似乎 ──「～のようである、～らしい」推断の意を表す副詞

这盘棋他似乎输定了。　　Zhè pán qí tā sìhū shūdìng le.

老人一点也不急躁，似乎胸有成竹。
Lǎorén yìdiǎn yě bù jízào, sìhū xiōng yǒu chéng zhú.

11 此起彼伏 ──"此 V 彼 V"四字句

　　（物事や音などが）次々と絶え間なく起こるさま
　　"此伏彼起 cǐ fú bǐ qǐ"ともいう

此呼彼应　cǐ hū bǐ yìng
马路上汽车此来彼往，川流不息。
Mǎlù shang qìchē cǐ lái bǐ wǎng, chuān liú bù xī.

红队和白队的力量，不是此长彼消，就是此消彼长。
Hóng duì hé bái duì de lìliang, bú shì cǐ zhǎng bǐ xiāo, jiù shì cǐ xiāo bǐ zhǎng.

尖叫 jiānjiào［動］甲高い声で叫ぶ　　　　　　　剧烈 jùliè［形］強烈である、激しい
此起彼伏 cǐ qǐ bǐ fú［成］こちらで起き、あち　　　颤抖 chàndǒu［動］震える
　らで静まる、（物事や音などが）次々と絶え　　　贼 zéi［名］盗賊、泥棒
　間なく起こるさま

超市 处处 照顾 我，现在，超市 有 [12]难，我 还 [13]趁 火 打 劫，我
chāoshì chùchù zhàogù wǒ, xiànzài, chāoshì yǒu nàn, wǒ hái chèn huǒ dǎ jié, wǒ

还 算 人 吗？吴 艳红 这么 一 想，抓 钱 的 手 松开 了，她
hái suàn rén ma? Wú Yànhóng zhème yì xiǎng, zhuā qián de shǒu sōngkāi le, tā

担心 有 人 趁 乱 上前 来 抢 钱，
dānxīn yǒu rén chèn luàn shàngqián lái qiǎng qián,

便 身体 前 倾，双手 伸出，保护着 钱柜。
biàn shēntǐ qián qīng, shuāngshǒu shēnchū, bǎohùzhe qiánguì.

📄36 两 分钟 后，超市 里 的 灯 亮 了，一切 又 恢复了 正常。
Liǎng fēnzhōng hòu, chāoshì li de dēng liàng le, yíqiè yòu huīfùle zhèngcháng.

这时，老板 和 经理 来 了，几 个 收银员 立即 上前 向 他们
Zhèshí, lǎobǎn hé jīnglǐ lái le, jǐ ge shōuyínyuán lìjí shàngqián xiàng tāmen

哭诉起来："刚才 有 人 趁 乱 抢 钱，我 的 钱柜 被 抢 了……"
kūsùqǐlai: "Gāngcái yǒu rén chèn luàn qiǎng qián, wǒ de qiánguì bèi qiǎng le……"

说着，她们 捂着 脸 哭起来。
Shuōzhe, tāmen wǔzhe liǎn kūqǐlai.

老板 对 经理 说："赶紧 让 [14]保安 拦住 那些 顾客，[15]搜 他们
Lǎobǎn duì jīnglǐ shuō: "Gǎnjǐn ràng bǎo'ān lánzhù nàxiē gùkè, sōu tāmen

的 身。"经理 说："恐怕 不妥 吧？"顾客们 也 纷纷 嚷道：
de shēn." Jīnglǐ shuō: "Kǒngpà bùtuǒ ba?" Gùkèmen yě fēnfēn rǎngdào:

"凭 什么 搜 我们 的 身？"有 人 说："搜 吧，搜 吧，要是
"Píng shénme sōu wǒmen de shēn?" Yǒu rén shuō: "Sōu ba, sōu ba, yàoshi

搜不出 钱 来，怎么 说？"在 一 片 抗议 声 中，老板 只好
sōubuchū qián lái, zěnme shuō?" Zài yí piàn kàngyì shēng zhōng, lǎobǎn zhǐhǎo

挥手 让 顾客 离去。
huīshǒu ràng gùkè líqu.

📄37 这时，已经 到了 下班 时间，可是，谁 也 没有 离去，大家 都
Zhèshí, yǐjīng dàole xiàbān shíjiān, kěshì, shéi yě méiyou líqu, dàjiā dōu

在 清点 超市 里 的 钱财。清点 完毕，收银员们 纷纷 向
zài qīngdiǎn chāoshì li de qiáncái. Qīngdiǎn wánbì, shōuyínyuánmen fēnfēn xiàng

---

趁火打劫 chèn huǒ dǎ jié ［成］他家の火事に乗
　じて物を奪う、火事場泥棒

捂 wǔ ［動］しっかり押さえる、ぴったり覆う、
　ふさぐ

拦住 lánzhù ［動］遮る、妨げる、じゃまする

搜 sōu ［動］（犯人や禁制品を）捜査する、捜索
　する、調べる

恐怕 kǒngpà ［副］（よくない結果を予測して）お
　そらく、まず

不妥 bùtuǒ ［形］不適当である、妥当でない

12 难 nán; nàn —— 声調が異なる多音字

难易 nányì　难民 nànmín　好人 hǎorén　好客 hàokè

种种子 zhòng zhǒngzi　钉钉子 dìng dīngzi　扇扇子 shān shànzi

吐吐沫 tǔ tùmo　数数 shǔ shù　　　(☞第2課 講釈10、第3課 講釈1)

チャレンジ

声調が異なる下記の多音字の発音を調べてみましょう。

累　干　假　挑　当　处　间　臭　卡

13 趁火打劫 —— [成]他家の火事に乗じて物を奪う。火事場泥棒

等警察赶到时，那几个趁火打劫的流氓早已逃走了。
Děng jǐngchá gǎndào shí, nà jǐ ge chèn huǒ dǎ jié de liúmáng zǎoyǐ táozǒu le.

浑水摸鱼 hún shuǐ mō yú　　顺手牵羊 shùn shǒu qiān yáng

14 保安拦住那些顾客 —— 結果補語の語義指向

→ 保安拦 + 顾客住

鞭炮声吵醒了妹妹。　→ 鞭炮声吵 + 妹妹醒
Biānpàoshēng chǎoxǐngle mèimei.

她哭肿了眼睛。　　　→ 她哭 + 眼睛肿
Tā kūzhǒngle yǎnjing.

他骂哭了一个学生。　→ 他骂 + 学生哭
Tā màkūle yí ge xuésheng.

他吃饱了。　　　　　→ 他吃 + 他饱了
Tā chībǎo le.

15 搜他们的身 —— VO 動詞がさらに O を取る

我生你的气。　　Wǒ shēng nǐ de qì.
他造你的谣。　　Tā zào nǐ de yáo.
我们帮他的忙。　Wǒmen bāng tā de máng.

纷纷 fēnfēn [副] 次から次へ、続々と　　　　抗议 kàngyì [動] 抗議する
嚷 rǎng [動] 大声で叫ぶ、わめく、どなる　　挥手 huīshǒu [動] 手を（左右に大きく）振る
道 dào [動][書] 言う、話す、　　　　　　　清点 qīngdiǎn [動] 数を調べる、点検する
凭 píng [介] に基づいて、を根拠として

老板 说 自己 钱柜 里 的 钱 丢了 多少。老板 听了 笑笑，然后
lǎobǎn shuō zìjǐ qiánguì li de qián diūle duōshao. Lǎobǎn tīngle xiàoxiao, ránhòu

对 几 个 收银员 说道："你们 把 藏 的 钱 都 拿出来 吧！"
duì jǐ ge shōuyínyuán shuōdào: "Nǐmen bǎ cáng de qián dōu náchūlai ba!"

几 个 收银员 一 愣，相互 看看，没有 说话。老板 说：
Jǐ ge shōuyínyuán yí lèng, xiānghù kànkan, méiyou shuōhuà. Lǎobǎn shuō:

"听说 大友 超市 停电 被 抢 的 事 后，我 便 策划了 这 场
"Tīngshuō Dàyǒu chāoshì tíngdiàn bèi qiǎng de shì hòu, wǒ biàn cèhuà zhè chǎng

演习，刚才 的 那些 顾客，都 是 我 另 一 个 超市 的 员工，
yǎnxí, gāngcái de nàxiē gùkè, dōu shì wǒ lìng yí ge chāoshì de yuángōng,

他们 根本 没有 抢 钱柜 里 的 钱。我 搞 这 场 演习，原本
tāmen gēnběn méiyou qiǎng qiánguì li de qián. Wǒ gǎo zhè chǎng yǎnxí, yuánběn

是 想 看看 大家 的 应急 反应，看看 大家 能否 保护好 超市 的
shì xiǎng kànkan dàjiā de yìngjí fǎnyìng, kànkan dàjiā néngfǒu bǎohùhǎo chāoshì de

财产，没 想到 你们 却 趁 火 打 劫……"老板 叹息着 直 摇头，
cáichǎn, méi xiǎngdào nǐmen què chèn huǒ dǎ jié ……" Lǎobǎn tànxīzhe zhí yáotóu,

似乎 这 一切 都 [16]出乎 他 的 意料。
sìhū zhè yíqiè dōu chūhū tā de yìliào.

📖38 听了 老板 的 话，收银员们 [17]一下 傻眼 了，一 个 个 哭哭
Tīngle lǎobǎn de huà, shōuyínyuánmen yíxià shǎyǎn le, yí gè gè kūkū-

啼啼 地 从 各处 找出 自己 刚才 偷 的 钱柜 里 的 钱，然后 纷纷
títí de cóng gèchù zhǎochū zìjǐ gāngcái tōu de qiánguì li de qián, ránhòu fēnfēn

上前 向 老板 求情，求 老板 [18]网 开 一 面，说 她们 只是
shàngqián xiàng lǎobǎn qiúqíng, qiú lǎobǎn wǎng kāi yí miàn, shuō tāmen zhǐshì

一时 糊涂，以后 一定 好好儿 工作。
yìshí hútu, yǐhòu yídìng hǎohāor gōngzuò.

老板 叹了 口 气，说："你们 太 让 我 失望 了！"说完，
Lǎobǎn tànle kǒu qì, shuō: "Nǐmen tài ràng wǒ shīwàng le!" Shuōwán,

---

藏 cáng [動] 隠す、隠れる
策划 cèhuà [動] 画策する、計画する
搞 gǎo [動] する、やる
应急 yìngjí [動] 急場に間に合わせる、急な求めに応じる

能否 néngfǒu [副][書] 〜できるか否か
出乎 chūhū [動] （〜から）外れる、（〜範囲を）出る
意料 yìliào [動] 予想する、予測する
出乎意料 chūhū yìliào [成] 意外である、予想を超える

16 出乎意料 / 出乎想象 —— 予想をこえる

这次会议招待的规格，大大出乎与会者的意料。
Zhè cì huìyì zhāodài de guīgé, dàdà chūhū yùhuìzhě de yìliào.

这次成功出乎人们的想象。
Zhè cì chénggōng chūhū rénmen de xiǎngxiàng.

进入 16 强，这是最出乎人们预料的奇迹。
Jìnrù shíliù qiáng, zhè shì zuì chūhū rénmen yùliào de qíjì.

17 "一下"の位置 —— Vの前か後ろか

1) 「V＋一下 [名]」—— ちょっとする、ちょっと試してみる

你等一下。Nǐ děng yíxià. (短時間)

请帮我检查一下作业。Qǐng bāng wǒ jiǎnchá yíxià zuòyè. (少量)

请你读一下。Qǐng nǐ dú yíxià. (試み)

2) 「一下 [副] ＋ V」—— いきなり、たちまち、ぱっと

話ことばではよく r 化する　"一下子" yíxiàzi ともいう

他一下儿想起了不久前做的一个梦。
Tā yíxiàr xiǎngqǐle bùjiǔqián zuò de yí ge mèng.

他的脚一下儿没站稳，险些摔倒。
Tā de jiǎo yíxiàr méi zhànwěn, xiǎnxiē shuāidǎo.

18 网开一面

——「四角な網の一方を開けておく」というのが原義で、転じて「犯罪者などに寛大な態度で対拠する」こと。〈典処〉禽獣を捕えるため四方に張り巡らされた網の三方を取り払わせたという殷の湯王の故事から。"网开三面" wǎng kāi sān miàn とも言う。

他给老板 7000 元作见面礼，请求网开一面。
Tā gěile lǎobǎn qīqiān yuán zuò jiànmiànlǐ, qǐngqiú wǎng kāi yí miàn.

他们为违章青年说情，希望交警"网开一面"。
Tāmen wèi wéizhāng qīngnián shuōqíng, xīwàng jiāojǐng "wǎng kāi yí miàn".

傻眼 shǎyǎn [動] あっけにとられる、茫然とする、きょとんとする

哭哭啼啼 kūkūtítí [形] いつまでも泣きやまないさま、めそめそするさま

求情 qiúqíng [動] (人のために)口添えする、とりなす

网开一面 wǎng kāi yí miàn [成] 寛大に処置するたとえ

糊涂 hútu [形] ぼんやりしている、愚かである、物分かりが悪い

叹气 tànqì [動] 嘆息する、嘆く

老板 走到 吴 艳红 面前，问道："你 的 钱 呢，没 少 一 分 吗?"
lǎobǎn zǒudào Wú Yànhóng miànqián, wèndào: "Nǐ de qián ne, méi shǎo yì fēn ma?"

吴 艳红 说："没 少 一 分！都 在 钱柜 里！"老板 露出了
Wú Yànhóng shuō: "Méi shǎo yì fēn! Dōu zài qiánguì li!" Lǎobǎn lòuchūle

笑容，大声 说道："这 才 是 我们 的 好 员工 啊！"
xiàoróng, dàshēng shuōdào: "Zhè cái shì wǒmen de hǎo yuángōng a!"

39 第 二 天，吴 艳红 的 那些 偷钱 的 同事 都 被 辞退 了。
Dì èr tiān, Wú Yànhóng de nàxiē tōu qián de tóngshì dōu bèi cítuì le.

让 吴 艳红 没 想到 的 是，超市 因为 她 的 这 次 表现，
Ràng Wú Yànhóng méi xiǎngdào de shì, chāoshì yīnwèi tā de zhè cì biǎoxiàn,

特意 奖励 她 2000 块 钱，还 号召 大家 向 她 学习。一时
tèyì jiǎnglì tā liǎngqiān kuài qián, hái hàozhào dàjiā xiàng tā xuéxí. Yìshí

之间，吴 艳红 成了 超市 的 明星，许多 超市 商场 知道
zhījiān, Wú Yànhóng chéngle chāoshì de míngxīng, xǔduō chāoshì shāngchǎng zhīdao

后 都 想 聘请 她 去 上班。
hòu dōu xiǎng pìnqǐng tā qù shàngbān.

那天，老板 把 吴 艳红 请到 办公室 谈话，得知 她 打工
Nàtiān, lǎobǎn bǎ Wú Yànhóng qǐngdào bàngōngshì tánhuà, dézhī tā dǎgōng

挣钱 是 为了 家，为了 去 上 大学，一个劲儿 地 夸奖 她，
zhèngqián shì wèile jiā, wèile qù shàng dàxué, yígejìnr de kuājiǎng tā,

最后 还 决定 资助 她 上 大学 的 一切 费用。吴 艳红 对 老板
zuìhòu hái juédìng zīzhù tā shàng dàxué de yíqiè fèiyòng. Wú Yànhóng duì lǎobǎn

感激 不尽，表示 以后 读完 大学 还 来 超市 上班。
gǎnjī bújìn, biǎoshì yǐhòu dúwán dàxué hái lái chāoshì shàngbān.

走出 办公室，吴 艳红 感慨 万千，她 想，人 在 任何 时候
Zǒuchū bàngōngshì, Wú Yànhóng gǎnkǎi wànqiān, tā xiǎng, rén zài rènhé shíhou

都 要 坚守 自己 的 [20]底线，因为，人生 不 是 演习，自己 的
dōu yào jiānshǒu zìjǐ de dǐxiàn, yīnwèi, rénshēng bú shì yǎnxí, zìjǐ de

一 言 一 行，都 会 影响到 自己 的 整个 人生。
yì yán yì xíng, dōu huì yǐngxiǎngdào zìjǐ de zhěnggè rénshēng.

19 "不无""无不" —— 二重否定

不无 —— ［動］［書］ なくはない、少しはある

无不 —— ［副］ 例外なくすべて

不无裨益 bùwú bìyì　　不无遗憾 bùwú yíhàn

这个案件与他不无关系。　Zhège ànjiàn yǔ tā bùwú guānxi.

他的话也不无道理。　　　Tā de huà yě bù wú dàolǐ.

"无不"は間が離れることもある

无人不知 wúrén bùzhī　　无处不在 wúchù búzài　　无微不至 wúwēi búzhì

（☞本課講釈 1）

20 いろいろな"底线"

道德底线 dàodé dǐxiàn　　　法律底线 fǎlù dǐxiàn

爱情底线 àiqíng dǐxiàn　　　价格底线 jiàgé dǐxiàn

心理底线 xīnlǐ dǐxiàn

参考 21 いろいろな"事儿"

这是怎么回事儿？	Zhè shì zěnme huí shìr?
那不是一回事儿。	Nà bú shì yì huí shìr.
我是来说事儿的。	Wǒ shì lái shuō shìr de.
现在找领导办事儿不容易。	Xiànzài zhǎo lǐngdǎo bànshìr bù róngyi.
这些都不是事儿。	Zhèxiē dōu bú shì shìr.
我是干事儿的，不是挑事儿的。	Wǒ shì gàn shìr de, bú shì tiǎo shìr de.
完事儿了。	Wánshìr le.
没事儿别找事儿。	Méi shìr bié zhǎo shìr.
想省事儿就得花钱。	Xiǎng shěngshìr jiù děi huā qián.

辞退 cítuì［動］解雇する、辞めさせる

号召 hàozhào［動］呼び掛ける

聘请 pìnqǐng［動］招聘する

一个劲儿 yígejìnr［副］しきりに、ひたすら、ひっきりなしに、いつまでも

夸奖 kuājiǎng［動］ほめる、称賛する

感激不尽 gǎnjī bújìn［組］感激に堪えない

感慨万千 gǎnkǎi wànqiān［組］感慨無量である

任何 rènhé［代］いかなる、どのような

坚守 jiānshǒu［動］堅守する、堅持する

底线 dǐxiàn［名］モラルの最低のライン

一言一行 yì yán yì xíng［名］どの言動も

07 | 洗澡
Xǐzǎo

杨 杨 Yáng Yáng

📖40　出狱 后 的 王 海龙 很 想　重新 做人，但 三 个 月 过去
Chūyù hòu de Wáng Hǎilóng hěn xiǎng chóngxīn zuòrén, dàn sān ge yuè guòqu

了，他 仍 没 找到　工作。人家[1] 一 听 他 是 监狱 出来 的，便　朝
le, tā réng méi zhǎodào gōngzuò. Rénjia yì tīng tā shì jiānyù chūlai de, biàn cháo

他 冷冷 地 挥挥 手。再 找 不到 工作，他 得 饿 肚子。此时，以前
tā lěnglěng de huīhuī shǒu. Zài zhǎobudào gōngzuò, tā děi è dùzi. Cǐshí, yǐqián

同 王 海龙 很 好 的 狱友 来 电话，狱友 也 同 他 一样，也
tóng Wáng Hǎilóng hěn hǎo de yùyǒu lái diànhuà, yùyǒu yě tóng tā yíyàng, yě

找 不到 工作。狱友 说 有了 目标，在 南昌 找到了 一 个[2] 很
zhǎobudào gōngzuò. Yùyǒu shuō yǒule mùbiāo, zài Nánchāng zhǎodàole yí ge hěn

有 钱 的 主儿，问 王 海龙 想 不 想 同 他 一起 干。王 海龙
yǒu qián de zhǔr, wèn Wáng Hǎilóng xiǎng bu xiǎng tóng tā yìqǐ gàn. Wáng Hǎilóng

答应了。
dāying le.

　王 海龙[3] 没 钱 买 票，便 搭 便车。王 海龙 搭 的 便车
Wáng Hǎilóng méi qián mǎi piào, biàn dā biànchē. Wáng Hǎilóng dā de biànchē

开了 几十 公里 坏 了，怎么 也 发动不了。此时 天 已 黑 了，刚好
kāile jǐshí gōnglǐ huài le, zěnme yě fādòngbuliǎo. Cǐshí tiān yǐ hēi le, gānghǎo

前面 有 个 村庄。司机 要 看 车上 的 货，让 王 海龙 自己
qiánmian yǒu ge cūnzhuāng. Sījī yào kān chēshang de huò, ràng Wáng Hǎilóng zìjǐ

去 借宿。王 海龙 来到 一 幢 三 层 楼房 前，敲门。开门 的
qù jièsù. Wáng Hǎilóng láidào yí zhuàng sān céng lóufáng qián, qiāomén. Kāimén de

是 个 女人。女人 手里 抱着 一 个 婴儿。
shì ge nǚrén. Nǚrén shǒuli bàozhe yí ge yīng'ér.

　"大嫂，能 不 能 借住 一 宿？车子 坏 了。" 女人 没 说
"Dàsǎo, néng bu néng jièzhù yì xiǔ? Chēzi huài le." Nǚrén méi shuō

行，也 没 说 不行，显然 很 犹豫。
xíng, yě méi shuō bùxíng, xiǎnrán hěn yóuyù.

出狱 chūyù [動] 刑務所から出る
重新 chóngxīn [副] 新たに，改めて
监狱 jiānyù [名] 監獄、刑務所
朝 cháo [介] 〜に向かって、〜に

再 zài [副] これ以上、さらに
饿肚子 è dùzi [組] お腹をすかせる
狱友 yùyǒu [名] 刑務所で知り合った仲間

講釈 たれてもよいですか？

1 "一～便～" —— 呼応表現

「～するとすぐ～、～するやいなや～
話ことばではよく"一～ 就～"を用いる」

我总是一下课便回家。　　　Wǒ zǒngshì yí xiàkè biàn huíjiā.
弟弟一起床便开始玩手机。　Dìdi yì qǐchuáng biàn kāishǐ wán shǒujī.
我们打算一放假就出国旅行。 Wǒmen dǎsuan yí fàngjià jiù chūguó lǚxíng.

2 很有钱 —— 具体か、抽象か

很有经验 hěn yǒu jīngyàn　　很有学问 hěn yǒu xuéwen
很有智慧 hěn yǒu zhìhuì　　很有意思 hěn yǒuyìsi
×很有东西　×很有书

3 没钱买票 —— 後から補う 動詞は有無にかかわるもの

有钱买书　　　yǒu qián mǎi shū
有时间打电话　yǒu shíjiān dǎ diànhuà
没时间打招呼　méi shíjiān dǎ zhāohu

没有精力照顾老人和孩子
méiyou jīnglì zhàogù lǎorén hé háizi

他仍然有机会参加下一届总统选举。
Tā réngrán yǒu jīhuì cānjiā xià yí jiè zǒngtǒng xuǎnjǔ.

主儿 zhǔr［名］（财物や権力の）所有者、持ち主、
　あるじ
搭 dā［動］乗る、乗せる、便乗する
便车 biànchē［名］ついでに乗せてもらう車、
　便乗する車
村庄 cūnzhuāng［名］村、村落

看 kān［動］監視する、見張る
借宿 jièsù［動］宿を借りる、泊めてもらう
幢 zhuàng［量］（建物を数える）棟、軒
婴儿 yīng'ér［名］赤ん坊
显然 xiǎnrán［形］はっきりしている、明らかで
　ある、明らかに

69

"是 大哥 不 在 家？那 不 方便。我 去 别处 问问。真 不 好意思，
"Shì dàgē bú zài jiā? Nà bù fāngbiàn. Wǒ qù biéchù wènwen. Zhēn bù hǎoyìsi,

打扰 您 了。"王 海龙 说着 就 走。"哎，进来 吧。"女人 说。
Dǎrǎo nín le." Wáng Hǎilóng shuōzhe jiù zǒu. "Āi, jìnlai ba." Nǚrén shuō.

41 屋里 很 干净，东西 也 摆放得 ⁴井井 有条。
Wūli hěn gānjìng, dōngxi yě bǎifàngde jǐngjǐng yǒutiáo.

女人 端来 一 杯 茶，又 去了 厨房，很 快 端来 一 大碗
Nǚrén duānlai yì bēi chá, yòu qùle chúfáng, hěn kuài duānlai yí dàwǎn

面条，面条 上 ⁵铺 一 层 肉丝，面条 里面 还 卧着 两 只 鸡蛋。
miàntiáo, miàntiáo shang pū yì céng ròusī, miàntiáo lǐmiàn hái wòzhe liǎng zhī jīdàn.

王 海龙 说："大嫂 太 客气 了。我……我 真 不 好意思……"
Wáng Hǎilóng shuō: "Dàsǎo tài kèqi le. Wǒ…… wǒ zhēn bù hǎoyìsi……"

王 海龙 吃完 了，女人 又 盛来 一 碗。
Wáng Hǎilóng chīwán le, nǚrén yòu chénglai yì wǎn.

"大哥 呢？"
"Dàgē ne?"

"他 开 大 货车，一 年 有 300 天 在 外面。他 的 车 有时
"Tā kāi dà huòchē, yì nián yǒu sānbǎi tiān zài wàimiàn. Tā de chē yǒushí

坏 了，也 在 别人 家里 过夜。你 洗 个 澡，然后 好好儿 睡 一
huài le, yě zài biéren jiāli guòyè. Nǐ xǐ ge zǎo, ránhòu hǎohāor shuì yí

觉。"
jiào."

42 王 海龙 进了 卫生间，水管 里 流出 的 是 热水，王 海龙
Wáng Hǎilóng jìnle wèishēngjiān, shuǐguǎn li liúchū de shì rèshuǐ, Wáng Hǎilóng

觉得 每 个 细胞 都 肆意 地 张开 了。
juéde měi ge xìbāo dōu sìyì de zhāngkāi le.

洗完 澡 的 王 海龙 上了 床。 床上 的 被子 很 柔软，还
Xǐwán zǎo de Wáng Hǎilóng shàngle chuáng. Chuángshang de bèizi hěn róuruǎn, hái

---

摆放 bǎifàng [動] 置く
井井 有条 jǐngjǐng yǒutiáo [成] 秩序立っている、
　整然としている、きちんとしている
端 duān [動]（手で物を水平に）持つ

卧 wò [動][方] 割った卵を熱湯やスープの
　中に落とす
盛 chéng [動] 飲食物を器に盛りつける、よそう

07
洗澡

70

4 井井有条 ── AABC型　四字句

彬彬有礼 bīnbīn yǒulǐ 　　窃窃私语 qièqiè sīyǔ
格格不入 gégé búrù 　　　咄咄逼人 duōduō bīrén

　参考：ABCC型
　大腹便便 dàfù piánpián 　　大名鼎鼎 dàmíng dǐngdǐng
　衣冠楚楚 yīguān chǔchǔ 　　目光炯炯 mùguāng jiǒngjiǒng

5　铺一层肉丝 ── 量詞の働き

一线希望 yí xiàn xīwàng
一星灯火 yì xīng dēnghuǒ
一缕青烟 yì lǚ qīng yān

(☞第4課 講釈18)

货车 huòchē［名］トラック
过夜 guòyè［動］一夜を過ごす、一夜を明かす、
　（多く外泊をさす）

细胞 xìbāo［名］細胞
肆意 sìyì［副］ほしいままに、みだりに
柔软 róuruǎn［形］柔軟である、柔らかい

散发出 阳光 的 香味。王 海龙 最 喜欢 阳光 留在 被子 上
sànfāchū yángguāng de xiāngwèi. Wáng Hǎilóng zuì xǐhuan yángguāng liúzài bèizi shang

的 味道，香喷喷 的，暖融融 的。王 海龙 一 觉 睡到 天亮。
de wèidao, xiāngpēnpēn de, nuǎnróngróng de. Wáng Hǎilóng yí jiào shuìdào tiānliàng.

43 王 海龙 吃过 早餐，便 要 告辞。他 掏出 身上 仅 有 的
Wáng Hǎilóng chīguò zǎocān, biàn yào gàocí. Tā tāochū shēnshang jǐn yǒu de

100 元 钱 递给 女人。女人 红了 脸："6你 这 不 是 7看不起 我
yìbǎi yuán qián dìgěi nǚrén. Nǚrén hóngle liǎn: "Nǐ zhè bú shì kànbuqǐ wǒ

吗？"王 海龙 忙 收了 钱。王 海龙 出了 门，8女人 喊住 了：
ma?" Wáng Hǎilóng máng shōule qián. Wáng Hǎilóng chūle mén, nǚrén hǎnzhù le:

"哎——"王 海龙 走回来，问："大嫂，什么 事？"
"Āi—" Wáng Hǎilóng zǒuhuílai, wèn: "Dàsǎo, shénme shì?"

"是 这样 的，我 儿子 今天 满月，很 想 请 你 为 他 洗
"Shì zhèyàng de, wǒ érzi jīntiān mǎnyuè, hěn xiǎng qǐng nǐ wèi tā xǐ

一 次 澡，我们 这儿 有 这 种 风俗……"
yí cì zǎo, wǒmen zhèr yǒu zhè zhǒng fēngsú……"

鄱阳湖 一带 有 这 种 风俗，婴儿 满月 的 那 天 早晨，
Póyánghú yídài yǒu zhè zhǒng fēngsú, yīng'ér mǎnyuè de nà tiān zǎochen,

婴儿 的 父母 请 一 个 聪明、诚实、善良、英俊、富有 的 男人
yīng'ér de fùmǔ qǐng yí ge cōngming, chéngshí, shànliáng, yīngjùn, fùyǒu de nánren

给 婴儿 洗澡，婴儿 长大 后，也 会 成为 一 名 各 方面 都
gěi yīng'ér xǐzǎo, yīng'ér zhǎngdà hòu, yě huì chéngwéi yì míng gè fāngmiàn dōu

优秀 的 人，像 给 他 洗澡 的 人 一样，聪明、诚实、善良、
yōuxiù de rén, xiàng gěi tā xǐzǎo de rén yíyàng, cōngming, chéngshí, shànliáng,

英俊、富有。
yīngjùn, fùyǒu.

44 "我……我 不 够格。您 还是 请 有 福 的 人……"
"Wǒ…… wǒ bú gòugé. Nín háishi qǐng yǒu fú de rén……"

"你 怎么 不 够格？你 就 是 有 福 的 人。你 就 别 拒绝 了，
"Nǐ zěnme bú gòugé? Nǐ jiù shì yǒu fú de rén. Nǐ jiù bié jùjué le,

---

散发 sànfā［動］発散する、放散する

香喷喷（～的）xiāngpēnpēn［形］香りが匂うさ
ま、よい匂いがするさま

暖融融（～的）nuǎnróngróng［形］ぽかぽかと
暖かいさま

告辞 gàocí［動］いとま乞いをする、辞去する

掏 tāo［動］手探りで物を取り出す、ほじくり出
す、探り出す

看不起 kànbuqǐ［動］軽く見る、軽んじる、侮る

忙 máng［動］急ぐ、急いでやる

满月 mǎnyuè［動］生後満1ヵ月になる

6 你这不是看不起我吗？ ──「"不是"を用いる」 反語文

你不是跟他交过手吗？　　　Nǐ bú shì gēn tā jiāoguo shǒu ma?

昨天不是已经告诉你们了吗？　Zuótiān bú shì yǐjīng gàosu nǐmen le ma?

展览会不是还没有闭幕吗？　　Zhǎnlǎnhuì bú shì hái méiyou bìmù ma?

你若不收不是坏了规矩？

7 看不起 ── "X 得起"と"X 不起"

对得起 duìdeqǐ　　←→　对不起 duìbuqǐ

看得起 kàndeqǐ　　←→　看不起 kànbuqǐ

吃得起 chīdeqǐ　　←→　吃不起 chībuqǐ

买得起 mǎideqǐ　　←→　买不起 mǎibuqǐ

07

洗澡

8 女人喊住了 ──「動詞＋"住"」動作をするのは誰？ "住"するのは何、誰？

1)「停止する、止まる」

他忽然站住了。　　Tā hūrán zhànzhù le.

他停住脚步，扶住桥栏，俯视着大渡河的急流。
Tā tíngzhù jiǎobù, fúzhù qiáolán, fǔshìzhe Dàdùhé de jíliú.

2)「停止させる、安定させる」

这些生词你都记住了吗？　Zhèxiē shēngcí nǐ dōu jìzhùle ma?

他抓住了小偷儿。　　　　Tā zhuāzhùle xiǎotōur.

欧盟要"留住"英国。　　　Ōuméng yào "liúzhù" Yīngguó.

只有这样才能留住人才。　Zhǐyǒu zhèyàng cáinéng liúzhù réncái.

(☞第 6 課 講釈14)

风俗 fēngsú［名］風俗、風習、習わし

鄱阳湖 Póyánghú［固］江西省にある湖の名

诚实 chéngshí［形］誠実である、正直である

英俊 yīngjùn［形］才能がぬきんでている、英
　俊である

富有 fùyǒu［動］豊富に持つ、～に富む、裕福な

够格 gòugé［動］（一定の条件や標準に）合う、
　達する

你 也 知道，按照 我们 的 风俗，请了 谁 给 婴儿 洗澡，都 不
nǐ yě zhīdào, ànzhào wǒmen de fēngsú, qǐngle shéi gěi yīng'ér xǐzǎo, dōu bù

能 拒绝。"
néng jùjué."

"可是……可是 我 一点 也 不 聪明，一点 也 不 善良，
"Kěshì …… kěshì wǒ yìdiǎn yě bù cōngming, yìdiǎn yě bú shànliáng,

一点 也 不 富有，我 怕 不 能 给 婴儿 带来 好运，我 说了 您
yìdiǎn yě bú fùyǒu, wǒ pà bù néng gěi yīng'ér dàilai hǎoyùn, wǒ shuōle nín

别 怕，我 以前 因 抢劫 ⁹坐过 牢……"
bié pà, wǒ yǐqián yīn qiǎngjié zuòguo láo……"

王 海龙 低下 头，不 敢 看 女人，"您 看得起 我，我 很 感激。
Wáng Hǎilóng dīxià tóu, bù gǎn kàn nǚrén, Nín kàndeqǐ wǒ, wǒ hěn gǎnjī.

¹⁰谁 不 想 给 满月 的 婴孩儿 洗澡？可 我……"
Shéi bù xiǎng gěi mǎnyuè de yīngháir xǐzǎo? Kě wǒ……"

"我 知道 你 坐过 牢。"女人 的 语气 很 平静。王 海龙
"Wǒ zhīdao nǐ zuòguo láo." Nǚrén de yǔqì hěn píngjìng. Wáng Hǎilóng

惊愕 地 望着 女人。女人 说："你 晚上 做 噩梦，哭着 喊 '我
jīng'è de wàngzhe nǚrén. Nǚrén shuō: "Nǐ wǎnshang zuò èmèng, kūzhe hǎn 'wǒ

不 想 坐牢，不 想 坐牢'，谁 都 有 犯 错 的 时候，我 相信
bù xiǎng zuòláo, bù xiǎng zuòláo', shéi dōu yǒu fàn cuò de shíhou, wǒ xiāngxìn

你 不 会 重 犯 的。你 就 别 再 拒绝 了，帮 我 儿子 洗澡 吧。"
nǐ bú huì chóng fàn de. Nǐ jiù bié zài jùjué le, bāng wǒ érzi xǐzǎo ba."

"那 我 就 听 大嫂 的。"王 海龙 说 这 话 时，眼眶 发酸，
"Nà wǒ jiù tīng dàsǎo de." Wáng Hǎilóng shuō zhè huà shí, yǎnkuàng fāsuān,

他 硬是 忍着，泪水 才 没 掉下来。
tā yìngshì rěnzhe, lèishuǐ cái méi diàoxiàlai.

📄45 女人 端来 水，王 海龙 用 手 试了 一下，¹¹不 烫 不 冷 刚
Nǚrén duānlai shuǐ, Wáng Hǎilóng yòng shǒu shìle yíxià, bú tàng bù lěng gāng

好。王 海龙 从 女人 手里 抱过 婴儿，轻轻 地 放在 水盆 里。
hǎo. Wáng Hǎilóng cóng nǚrén shǒuli bàoguo yīng'ér, qīngqīng de fàngzài shuǐpén li.

按照 ànzhào［介］〜に基づいて、〜によって
抢劫 qiǎngjié［動］力ずくで奪い取る、強奪する、
　略奪する
坐牢 zuòláo［動］刑務所に入る
感激 gǎnjī［動］感激する、心から感謝する

语气 yǔqì［名］話し方、口ぶり、語気
平静 píngjìng［形］平静である、穏やかである
惊愕 jīng'è［形］驚愕する、驚いて茫然として
　いる
噩梦 èmèng［名］悪い夢、〔恶梦〕とも書く

9 三つの"过"

他以前坐过牢。　　　Wǒ yǐqián zuòguo láo.　　　〈経験〉

吃过早饭了。　　　　Chīguò zǎofàn le.　　　　〈終了〉

从女人手里抱过婴儿。　Cóng nǚrén shǒuli bàoguo yīng'ér.　〈境界越え〉

10 谁不想给满月的婴孩洗澡？ ——「"谁"を用いる」反語文

谁不说她好？　　　　Shéi bù shuō tā hǎo?

这么多，谁吃得完呀！　Zhème duō, shéi chīdewán ya!

人这辈子，谁不是磕磕绊绊过来的?!
Rén zhè bèizi, shéi bú shì kēkēbànbàn guòlai de?!

11 不烫不冷刚好 ——"不Ａ不Ｂ" 四字句

不大不小 bú dà bù xiǎo　　　不冷不热 bù lěng bú rè　〈ちょうど良い〉

不见不散 bú jiàn bú sàn　　　不吃不行 bù chī bù xíng　〈仮定〉

不干不净 bù gān bú jìng　　　不明不白 bù míng bù bái　〈全否定〉

不男不女 bù nán bù nǚ　　　不土不洋 bù tǔ bù yáng　〈中途半端〉

07

洗澡

犯错 fàn cuò［組］過ちを犯す

眼眶 yǎnkuàng［名］目の縁、まぶち

发酸 fāsuān［動］涙ぐむ、ジーンとくる

硬是 yìngshì［副］どうしても、無理やり

忍 rěn［動］忍ぶ、我慢する、こらえる

泪水 lèishuǐ［名］涙

不烫不冷 bú tàng bù lěng　熱くも冷たくもない

婴儿 竟 没 哭，而且 摆动着 腿脚。王 海龙 的 手 轻轻 抚着
yīng'ér jìng méi kū, érqiě bǎidòngzhe tuǐjiǎo. Wáng Hǎilóng de shǒu qīngqīng fǔzhe

婴儿 [12]肉乎乎 的 身体。女人 对 婴儿 说："瞧 叔叔 多 好，洗得
yīng'ér ròuhūhū de shēntǐ. Nǚrén duì yīng'ér shuō: "Qiáo shūshu duō hǎo, xǐde

宝宝 好 舒服。宝宝 长大 后，一定 要 像 叔叔 这样 诚实，
bǎobǎo hǎo shūfu. Bǎobǎo zhǎngdà hòu, yídìng yào xiàng shūshu zhèyàng chéngshí,

这样 不 怕 吃苦……"
zhèyàng bú pà chīkǔ ……"

"大嫂 心眼儿 这么 好，我 一定 不 会 让 您 失望。我 要
"Dàsǎo xīnyǎnr zhème hǎo, wǒ yídìng bú huì ràng nín shīwàng. Wǒ yào

对得起 您 对 我 的 信任，大嫂 选 我 为 您 儿子 洗澡，没
duìdeqǐ nín duì wǒ de xìnrèn, dàsǎo xuǎn wǒ wèi nín érzi xǐzǎo, méi

选错。"女人 笑 了。
xuǎncuò." Nǚrén xiào le.

46 王 海龙 给 婴儿 洗完 澡，女人 递过来 一 个 厚厚 的 红包儿。
Wáng Hǎilóng gěi yīng'ér xǐwán zǎo, nǚrén dìguòlai yí ge hòuhòu de hóngbāor.

王 海龙 不 接。女人 说："这 是 你 给 我 儿子 洗澡 的 礼钱，
Wáng Hǎilóng bù jiē. Nǚrén shuō: "Zhè shì nǐ gěi wǒ érzi xǐzǎo de lǐqián,

你 若 不 收 不 是 坏了 规矩？"
nǐ ruò bù shōu bú shì huàile guīju?"

王 海龙 这 才 接 了，说："大嫂，今后 我 儿子 满月 时，
Wáng Hǎilóng zhè cái jiē le, shuō: "Dàsǎo, jīnhòu wǒ érzi mǎnyuè shí,

我 一定 来 找 您 给 我 儿子 洗澡。"
wǒ yídìng lái zhǎo nín gěi wǒ érzi xǐzǎo."

此时 司机 来 了，司机 对 王 海龙 说："车 修好 了，走 吧。"
Cǐshí sījī lái le, sījī duì Wáng Hǎilóng shuō: "Chē xiūhǎo le, zǒu ba."

王 海龙 说："[13]我 不 去 省城 了，我 要 回家。"
Wáng Hǎilóng shuō: "Wǒ bú qù shěngchéng le, wǒ yào huíjiā."

水盆 shuǐpén [名] たらい　　　　　　肉乎乎（～的）ròuhūhū [形] まるまると太って
竟 jìng [副] 意外にも、驚いたことに　　いるさま
摆动 bǎidòng [動] 揺れ動く、振り動かす　心眼儿 xīnyǎnr [名] 心の底、内心
抚 fǔ [動] 手でそっと押さえる、なでる

12 肉乎乎 ——「ABB型」擬態語

黑洞洞 hēidòngdòng　　　绿油油 lùyóuyóu

冷清清 lěngqīngqīng　　　暖融融 nuǎnróngróng　　　　　（☞第2課 講釈1）

13 我不去省城了。 ——"不～了"予定取り止め

今晚我不在家吃饭了。Jīnwǎn wǒ bú zàijiā chīfàn le.

由于新冠肺炎的影响，学校决定今年不举办开学典礼了。
Yóuyú xīnguān fèiyán de yǐngxiǎng, xuéxiào juédìng jīnnián bù jǔbàn kāixué diǎnlǐ le.

他说这学期不选英语课了，想选汉语课。
Tā shuō zhè xuéqī bù xuǎn Yīngyǔ kè le, xiǎng xuǎn Hànyǔ kè.

红包儿 hóngbāo［名］祝いのとき，赤い紙に包んで使用人に与える金

规矩 guīju［名］規則、決まり、しきたり

大嫂 dàsǎo［名］自分と同年配の既婚女性に対する敬称、姉さん

省城 shěngchéng［名］省都、省の行政府所在地 "省会"とも

李 香淑 Lǐ Xiāngshū

📄47　老 金 站在 乱哄哄 的 上海 浦东 机场 的 大厅 里，有些
　　　Lǎo Jīn zhànzài luànhōnghōng de Shànghǎi Pǔdōng jīchǎng de dàtīng li, yǒuxiē

无奈，有些 气急 败坏。¹他妈的，头 一 回 乘坐 春秋 航空
wúnài, yǒuxiē qìjí bàihuài. Tāmāde, tóu yì huí chéngzuò Chūnqiū Hángkōng

的 飞机，头 一 回 出国，头 一 回 去 日本，头 一 次 图 便宜
de fēijī, tóu yì huí chūguó, tóu yì huí qù Rìběn, tóu yí cì tú piányi

网上 ²购 票，竟然 这么 憋气！行李 限 重 15 公斤！光
wǎngshàng gòu piào, jìngrán zhème biēqi! Xíngli xiàn zhòng shíwǔ gōngjīn! Guāng

行李箱 就 有 5 公斤 了，还 能 装 啥 啊？³白 瞎 老 金 买
xínglixiāng jiù yǒu wǔ gōngjīn le, hái néng zhuāng shá a? Bái xiā Lǎo Jīn mǎi

这么 大 个儿 的 拉杆儿箱 了。还 加 钱，还 300 多 块，⁴去 你
zhème dà gèr de lāgānrxiāng le. Hái jiā qián, hái sānbǎi duō kuài, qù nǐ

的！不 就 超了 4 公斤 吗?！没 听说 哪 个 航空 公司 除
de! Bú jiù chāole sì gōngjīn ma?! Méi tīngshuō nǎ ge hángkōng gōngsī chú

身上 穿 的 衣服 以外 都 算 重量 的。
shēnshang chuān de yīfu yǐwài dōu suàn zhòngliàng de.

　　老 金 闪到 托运 行李 窗口 附近 的 一 个 立柱 边上，哗
　　Lǎo Jīn shǎndào tuōyùn xíngli chuāngkǒu fùjìn de yí ge lìzhù biānshang, huā

的 一 声，打开 拉杆儿箱，拽出 装有 自己 衣物 的 塑料袋，
de yì shēng, dǎkāi lāgānrxiāng, zhuàichū zhuāngyǒu zìjǐ yīwù de sùliàodài,

刷刷 两 声，拉开 上衣 拉链，裤子 拉链，下身 露出 裤衩，
shuāshuā liǎng shēng, lākāi shàngyī lāliàn, kùzi lāliàn, xiàshēn lòuchū kùchǎ,

上身 露出 背心。众目 睽睽 下，老婆 特意 买 的
shàngshēn lòuchū bèixīn. Zhòngmù kuíkuí xià, lǎopo tèyì mǎi de

---

乱哄哄（〜的）luànhōnghōng［形］がやがやと
　騒がしいさま

气急败坏 qìjí bàihuài［成］慌てふためくさま、
　取り乱すさま、また、激怒するさま

他妈的 tāmāde［慣］畜生、こん畜生、くそっ "妈
　的" ともいう

图便宜 tú piányi［動］手に入れようと図る、安
　値にひかれ、得をしようと

线衣 xiànyī［名］メリヤスのシャツ

淘 táo［動］さらう、くみ取る

1 他妈的 —— ［慣］罵語（空虚化）多く男性が使う言葉。"妈的"ともいう

他妈的，又被那小子骗了。　　　Tāmāde, yòu bèi nà xiǎozi piàn le.

这么做，你他妈的还算人吗！　Zhème zuò, nǐ tāmāde hái suàn rén ma!

2 购票 —— "票"のコロケーション

赠票 zèng piào　　售票 shòupiào　　查票 chá piào　　剪票 jiǎnpiào　　检票 jiǎnpiào

补票 bǔ piào　　　门票 ménpiào　　月票 yuèpiào　　通票 tōngpiào　　站票 zhànpiào

地铁票 dìtiě piào　　汽车票 qìchē piào　　高铁票 gāotiě piào

3 白瞎 —— 山東方言「無駄になった、浪費した」

你白瞎我一片苦心啊。
Nǐ bái xiā wǒ yí piàn kǔxīn a.

挺好个大碗掉地上碎了，白瞎了。
Tǐng hǎo ge dàwǎn diào dìshang suì le, bái xiā le.

4 去你的 ——「勘弁してよ」冗談めかした

　　　　拒絶・反対などの意を表す

"打扮得这么漂亮，约会去呀？""去你的！"
"Dǎbande zhème piàoliang, yuēhuì qù ya?" "Qù nǐ de!"

"哟，几日不见，都当上大导演了！""去你的，别讽刺你姐我了。"
"Yo, jǐ rì bú jiàn, dōu dāngshang dà dǎoyǎn le!" "Qù nǐ de, bié fěngcì nǐ jiě wǒ le."

08

习
惯

憋气 biēqì ［動］いらだつ、気がめいる

拉杆箱儿 lāgānrxiāng ［名］スーツケース

闪 shǎn ［動］さっと身をかわす、素早くよける

托运 tuōyùn ［動］託送する

哗 huā ［擬音］ザー（水が勢いよく流れたり雨の降る音）

拽 zhuài ［動］ぐいと引く、引っ張る

刷刷 shuāshuā ［擬音］ザワザワ、ガサガサ、サラサラ、サアッ

拉链 lāliàn ［名］ファスナー、"拉锁"lāsuǒ ともいう

裤衩 kùchǎ ［名］パンツ、ブリーフ、パンティー、ショーツ

背心 bèixīn ［名］チョッキ、ベスト、ランニングシャツ、キャミソール、タンクトップ

众目睽睽 zhòngmù kuíkuí ［成］万人の注目を集めること、衆人環視

韩国 花裤衩、白背心 套了 三 套，百货 大楼 买 的 线衣、
Hánguó huākùchǎ, báibèixīn tàole sān tào, Bǎihuò dàlóu mǎi de xiànyī,

线裤 套了 三 套，定做 的 西服 一 套，5淘宝 淘 的 狼爪
xiànkù tàole sān tào, dìngzuò de xīfú yí tào, táobǎo táo de Lángzhǎo

户外服 一 套。好在 老 金 超级 瘦，虽然 行动 不 便，但
hùwàifú yí tào. Hǎozài Lǎo Jīn chāojí shòu, suīrán xíngdòng bú biàn, dàn

终于 是 过关 了！哼，反正 也 没有 熟人。
zhōngyú shì guòguān le! Hēng, fǎnzheng yě méiyou shúrén.

🔊48 春秋 航班 上 没有 免费 的 午餐，没有 免费 的 饮料。
Chūnqiū hángbān shang méiyou miǎnfèi de wǔcān, méiyou miǎnfèi de yǐnliào.

老 金，忍了 3 个 小时，即将 见到 儿子 的 喜悦 让 他 有了
Lǎo Jīn, rěnle sān ge xiǎoshí, jíjiāng jiàndào érzi de xǐyuè ràng tā yǒule

无穷 的 抗 饥饿 能力 和 抗 口 干 舌 燥 能力。 当然，期间
wúqióng de kàng jī'è nénglì hé kàng kǒu gān shé zào nénglì. Dāngrán, qījiān

去 卫生间 一 次，待了 15 分钟，脱了 身上 多余 的 衣裳。
qù wèishēngjiān yí cì, dāile shíwǔ fēnzhōng, tuōle shēnshang duōyú de yīshang.

出来 一 看，门口 排了 一 长 队，每 个 人 身上 都 是 鼓鼓 的。
Chūlai yí kàn, ménkǒu páile yì cháng duì, měi ge rén shēnshang dōu shì gǔgǔ de.

老 金 6好生 安慰，都 是 同道 中 人 啊。
Lǎo Jīn hǎoshēng ānwèi, dōu shì tóngdào zhōng rén a.

下了 飞机，老 金 终于 踏上了 日本 大阪 的 土地。
Xiàle fēijī, Lǎo Jīn zhōngyú tàshangle Rìběn Dàbǎn de tǔdì.

🔊49 儿子 高了，壮 了。见了 老 金 上来 就 是 一 个 7大熊抱，还
Érzi gāo le, zhuàng le. Jiànle Lǎo Jīn shànglai jiù shì yí ge dàxióngbào, hái

狠狠 地，勒得 老 金 有些 喘不过 气 来。这 让 老 金 很 是 不
hěnhěn de, lēide Lǎo Jīn yǒuxiē chuǎnbuguò qì lái. Zhè ràng Lǎo Jīn hěn shì bù

习惯。
xíguàn.

从前，儿子 很 混蛋。让 他 妈 惯得 天天 鸡 飞 狗 跳，
Cóngqián, érzi hěn húndàn. Ràng tā mā guàndé tiāntiān jī fēi gǒu tiào,

8不 是 老师 找 就 是 家长 找，从 上了 初中 就 开始 谈
bú shì lǎoshī zhǎo jiù shì jiāzhǎng zhǎo, cóng shàngle chūzhōng jiù kāishǐ tán

---

5 淘宝 ── 淘宝網（タオバオワン）の略称で、中国のオンラインモール

"淘宝"（タオバオ、Taobao）は 2003 年に"马云"（ジャック・マー）が創業した"阿里巴巴集団"（アリババ・グループ）が設立した。"淘宝"の意味は、「見つからない宝物はない、売れない宝物はない」とされる。また、2 年という短い期間で、オンラインショッピング市場を制覇し、中国の同市場シェアの約 70% を占めるにいたった。

6 好生 ── [副] [方言] 非常に、とても。しっかりと、十分に

这个人好生面熟。　　Zhège rén hǎoshēng miànshú.
别吵！有话好生说。　Bié chǎo! Yǒu huà hǎoshēng shuō.
这件事很重要，你们好生听着。
Zhè jiàn shì hěn zhòngyào, nǐmen hǎoshēng tīngzhe.

7 大熊抱

熊のように両手を広げて、強く抱きしめること。"熊抱"とも言う。

8 "不是～就是～" ── 呼応表現

「～でなければ、～である」「～か、～かどちらかだ」

每天都有联系，不是电话就是微信。
Měitiān dōu yǒu liánxì, bú shì diànhuà jiù shì Wēixìn.

英语我不是听不懂就是说不出来，虽然学了十年。
Yīngyǔ wǒ bú shì tīngbudǒng jiù shì shuōbuchūlai, suīrán xuéle shí nián.

你整天不是玩儿手机就是睡觉，还谈什么实现理想？
Nǐ zhěngtiān bú shì wánr shǒujī jiù shì shuìjiào, hái tán shénme shíxiàn lǐxiǎng?

喜悦 xǐyuè [形] 喜ばしい、嬉しい

口干舌燥 kǒu gān shé zào [組] のどがからからになる

鼓鼓的 gǔgǔ de [形]（袋などに物が詰め込まれて）膨れ上がっているさま

好生 hǎoshēng [副] [方] 非常に、とても

壮 zhuàng [形] 強健である、たくましい

熊抱 xióngbào [動] 抱擁する、抱き合う

狠狠 hěnhěn [副] 思うまま、ひどく

勒 lēi [動] きつく縛る、しっかり締める

混蛋 húndàn [名] [罵] ばか、ばかもの、

惯 guàn [動] 甘やかす、溺愛する

鸡飞狗跳 jī fēi gǒu tiào [慣] ハチの巣を突ついたような大騒ぎ

恋爱。 高中 毕业，好 的 大学 肯定 [9]没戏，三 流 的 还 不 想
liàn'ài. Gāozhōng bìyè, hǎo de dàxué kěndìng méixì, sān liú de hái bù xiǎng

去，只好 留学 日本。讲好 了， 日本 可以 去，出国 的 费用 老 金
qù, zhǐhǎo liúxué Rìběn. Jiǎnghǎo le, Rìběn kěyǐ qù, chūguó de fèiyòng Lǎo Jīn

可以 出，但 出去 以后 的 学费，住宿 啊，吃喝 啊 就 不 管 了，
kěyǐ chū, dàn chūqu yǐhòu de xuéfèi, zhùsù a, chīhē a jiù bù guǎn le,

自己 想 辙 吧。儿子 也 争气，端 盘子、站 超市、扛 大活 都
zìjǐ xiǎng zhé ba. Érzi yě zhēngqì, duān pánzi, zhàn chāoshì, káng dàhuó dōu

干过，后来 和 同学 往 国内 倒腾 尿不湿 发 了。[10]这不， 在
gànguo, hòulái hé tóngxué wǎng guónèi dǎoteng niàobùshī fā le. Zhèbu, zài

他 大学 毕业 前，[11]非 让 老 金 两口子 来 日本 玩儿玩儿。老 金
tā dàxué bìyè qián, fēi ràng Lǎo Jīn liǎngkǒuzi lái Rìběn wánrwanr. Lǎo Jīn

老丈人 突然 得了 肝癌，要不 那 败家 媳妇 能 不 和 老 金
lǎozhàngren tūrán déle gān'ái, yàobù nà bàijiā xífu néng bù hé Lǎo Jīn

一起 来 逛 吗！
yìqǐ lái guàng ma!

📄50 儿子 领着 老 金 天天 就 是 玩儿 啊，玩儿了 大阪 玩儿 京都，
Érzi lǐngzhe Lǎo Jīn tiāntiān jiù shì wánr a, wánrle Dàbǎn wánr Jīngdū,

逛了 商场 逛 寺庙。日本 给 老 金 的 印象 就 是：确实
guàngle shāngchǎng guàng sìmiào. Rìběn gěi Lǎo Jīn de yìnxiàng jiù shì: quèshí

干净，确实 安静，确实 有 序。 这 让 老 金 很 不 习惯。
gānjìng, quèshí ānjìng, quèshí yǒu xù. Zhè ràng Lǎo Jīn hěn bù xíguàn.

老 金 和 儿子 去 商场 的 卫生间，看到 卫生间 里 好 多
Lǎo Jīn hé érzi qù shāngchǎng de wèishēngjiān, kàndào wèishēngjiān li hǎo duō

成 捆 的 手纸，排得 整整 齐齐 的，就 顺手 拿了 一卷。儿子
chéng kǔn de shǒuzhǐ, páide zhěngzhěng qíqí de, jiù shùnshǒu nále yì juǎn. Érzi

[12]拉下 脸 说，爸，你 别 丢人，这 不 是 国内，到 哪儿 都 不 缺
lāxià liǎn shuō, Bà, nǐ bié diūrén, zhè bú shì guónèi, dào nǎr dōu bù quē

手纸。老 金 的 脸 红了 一下。
shǒuzhǐ. Lǎo Jīn de liǎn hóngle yíxià.

老 金 和 儿子 去 坐 电车，人 很 多，便 要 往 前 挤，儿子
Lǎo Jīn hé érzi qù zuò diànchē, rén hěn duō, biàn yào wǎng qián jǐ, érzi

拉开 他 说，爸，排队。老 金 的 脸 红了 一下。
lākāi tā shuō, Bà, páiduì. Lǎo Jīn de liǎn hóngle yíxià.

没戏 méixì［動］［方］だめだ、見込みがない、希望がない

9 没戏 —— [動] だめだ、見込みがない、希望がない

新冠肺炎疫情爆发后，工作的事就没戏了。
Xīnguān fèiyán yìqíng bàofā hòu, gōngzuò de shì jiù méixì le.

唱歌你在行，说相声可就没你的戏了。
Chànggē nǐ zàiháng, shuō xiàngsheng kě jiù méi nǐ de xì le.

10 这不 —— 挿入句。「ほら、ほら見て」「ほら言った通りだろう」

前に言ったことの正しさを検証する。また、つい先ほど言ったことが実現し、確認できたことを表す。反語

"你拿桌上的钱了吗？""没有，这不在这儿呢吗。"
"Nǐ ná zhuōshang de qián le ma?" "Méiyou, zhèbu zài zhèr ne ma."

小马每天都来这儿喝水。看，这不，它正往这边走呢。
"Xiǎo mǎ měitiān dōu lái zhèr hē shuǐ. Kàn, zhèbu, tā zhèng wǎng zhèbiān zǒu ne.

11 非 —— [副] 否定を表す。文末の"不可"、"不行"、"不成"（省略可）などと呼応する

你让我赶快走吧，去晚了非挨骂不可。
Nǐ ràng wǒ gǎnkuài zǒu ba, qùwǎnle fēi áimà bùkě.

这件事咱俩非说清楚不行。　Zhè jiàn shì zánliǎ fēi shuōqīngchu bùxíng.

这回你非输不可。　　　　　Zhè huí nǐ fēi shū bùkě.

12 "拉下～"のイディオム

拉下脸 lāxià liǎn
拉下马 lāxià mǎ
拉下水 lāxià shuǐ

辙 zhé [名][方] 方法、てだて
争气 zhēngqì [動] 負けん気を出す、頑張る
扛大活 káng dàhuó [組] きつい労働をする
倒腾 dǎoteng [動] 売買する、販売する
尿不湿 niàobùshī [名] おしめ、おむつ
发 fā [動] 裕福になる、富む
老丈人 lǎozhàngren [名] 妻の父、岳父

肝癌 gān'ái [名] 肝臓がん
败家媳妇 bàijiā xífu [名] 金遣いのあらい嫁（愛情を込めた場合もある）
捆 kǔn [名] なわ・ひもなどで束ねたもの、一くくりのもの
丢人 diūrén [動] 恥をかく、面目を失う

老 金 在 儿子 家 把 用过 的 手纸 扔进 垃圾袋 里，儿子 告诉
Lǎo Jīn zài érzi jiā bǎ yòngguo de shǒuzhǐ rēngjìn lājīdài li, érzi gàosu

他 说，爸，垃圾 不 能 这么 扔，这里 是 垃圾 分类 的，这个 扔进
tā shuō, Bà, lājī bù néng zhème rēng, zhèli shì lājī fēnlèi de, zhège rēngjìn

白 口袋 里。老 金 的 脸 红了 一下。
bái kǒudai li. Lǎo Jīn de liǎn hóngle yíxià.

51 去 富士山 玩儿 的 那天，老 金 和 儿子 坐 大巴，大巴 里 有
Qù Fùshìshān wánr de nàtiān, Lǎo Jīn hé érzi zuò dàbā, dàbā li yǒu

好 多 中国 游客，老 金 很 兴奋，听着 乡音 [13] 这个 亲切 啊，
hǎo duō Zhōngguó yóukè, Lǎo Jīn hěn xīngfèn, tīngzhe xiāngyīn zhège qīnqiè a,

老 金 就 和 中国 游客 兴奋 地 交流。到了 服务区 上了 卫生间，
Lǎo Jīn jiù hé Zhōngguó yóukè xīngfèn de jiāoliú. Dàole fúwùqū shàngle wèishēngjiān,

车 开 了 接着 交流。就 是 兴奋！这 几 天 语言 不 通，只 能 和
chē kāi le jiēzhe jiāoliú. Jiù shì xīngfèn! Zhè jǐ tiān yǔyán bù tōng, zhǐ néng hé

儿子 说话，可 把 老 金 [14] 憋屈坏 了。车 行 三十 多 分钟，老 金
érzi shuōhuà, kě bǎ Lǎo Jīn biēqūhuài le. Chē xíng sānshí duō fēnzhōng, Lǎo Jīn

突然 发现 包 不 见 了。包里 有 刚 在 免税店 给 老婆 买 的
tūrán fāxiàn bāo bú jiàn le. Bāoli yǒu gāng zài miǎnshuìdiàn gěi lǎopo mǎi de

一 套 日本 SKII 化妆品，五 六千 块 呢。老 金 回忆起来 应该
yí tào Rìběn SKII huàzhuāngpǐn, wǔ liùqiān kuài ne. Lǎo Jīn huíyìqǐlai yīnggāi

在 服务区 卫生间 里 纠结 是不是 拿 一 卷 手纸 时，把 包
zài fúwùqū wèishēngjiān li jiūjié shì bu shì ná yì juǎn shǒuzhǐ shí, bǎ bāo

放在 卫生间 水箱 上面 了，中国 导游 安慰 他，没 事儿，
fàngzài wèishēngjiān shuǐxiāng shàngmiàn le, Zhōngguó dǎoyóu ānwèi tā, Méi shìr,

丢不了。后来，包 还 真 找到 了。 一 个 日本 老头儿 把 包
diūbuliǎo. Hòulái, bāo hái zhēn zhǎodào le. Yí ge Rìběn lǎotóur bǎ bāo

送到了 服务区 管理 部门。
sòngdàole fúwùqū guǎnlǐ bùmén.

52 回国 的 时刻 到 了。老 金 鉴于 在 上海 浦东 机场 的
Huíguó de shíkè dào le. Lǎo Jīn jiànyú zài Shànghǎi Pǔdōng jīchǎng de

教训，在 托运 行李 前 指示 儿子，我 这 行李 肯定 是 超重 了，
jiàoxun, zài tuōyùn xíngli qián zhǐshì érzi, wǒ zhè xíngli kěndìng shì chāozhòng le,

这个 手包 你 拿着，[15] 挺 沉 的，就 说 是 你 的，不 登机 的，
zhège shǒubāo nǐ názhe, tǐng chén de, jiù shuō shì nǐ de, bù dēngjī de,

---

憋屈 biēqu ［形］气分が落ちこむ、気がめいる　　**纠结** jiūjié ［動］絡み合う、思い乱れる

13 这个 —— [口語]動詞・形容詞の前に置き，誇張する「それは、それは」

大家这个笑啊、闹啊，直到天亮。Dàjiā zhège xiào a, nào a, zhídào tiānliàng.

我们这个恨啊，恨他把大家当猴儿耍，恨他把大伙儿玩弄于股掌之间。
Wǒmen zhège hèn a, hèn tā bǎ dàjiā dāng hóur shuǎ, hèn tā bǎ dàhuǒr
wánnòngyú gǔzhǎng zhījiān.

听着乡音这个亲切啊！
把老金这个气啊！

14 憋屈坏了 —— 程度補語になるもの

坏 —— 高兴坏了 gāoxìnghuài le   气坏了 qìhuài le
　　　乐坏了 lèhuài le   累坏了 lèihuài le

透 —— 葡萄熟透了 pútao shútòu le   这个人坏透了 zhège rén huàitòu le
　　　早把你看透了 zǎo bǎ nǐ kàntòu le   恨透了他 hèntòule tā

死 —— 天气干死了 tiānqì gānsi le   吓死我了 xiàsi wǒ le
　　　笑死人了 xiàosi rén le   难受死了 nánshòusi le

15 挺～（的） —— [副]「けっこう、なかなか。」"的"は断定の語気を強める

我觉得你挺厉害的。
Wǒ juéde nǐ tǐng lìhai de.

那里的治安很不好，每次经过时我都挺紧张的。
Nàli de zhì'ān hěn bù hǎo, měicì jīngguò shí wǒ dōu tǐng jǐnzhāng de.

说实话，这个工作挺辛苦的，收入与付出也不成正比。
Shuō shíhuà, zhège gōngzuò tǐng xīnkǔ de, shōurù yǔ fùchū yě bù chéng zhèngbǐ.

水箱 shuǐxiāng ［名］水を貯めるタンク   沉 chén ［形］重い
安慰 ānwèi ［動］慰める

春秋　航空　窗口　中　一　个　半老　的、脸　白白　的　日本　女人，
Chūnqiū hángkōng chuāngkǒu zhōng yí ge bànlǎo de、liǎn báibái de Rìběn nǚrén,

用　比较　流利　的　中国话　指着　儿子　手中　的　包　问　儿子，请问
yòng bǐjiào liúlì de Zhōngguóhuà zhǐzhe érzi shǒuzhōng de bāo wèn érzi, Qǐngwèn

先生，这个　包　也　要　登机　吗？儿子　回答，是。
xiānsheng, zhège bāo yě yào dēngjī ma? Érzi huídá, Shì.

得，超　重！30,000　日元！折合　人民币　1700　块！老　金
Dé, chāo zhòng! Sānwàn rìyuán! Zhéhé rénmínbì yìqiānqībǎi kuài! Lǎo Jīn

儿子 [16]二话　不　说　立马　掏　钱。把　老　金　这个　气　啊！横了　儿子
érzi èrhuà bù shuō lìmǎ tāo qián. Bǎ Lǎo Jīn zhège qì a! Hèngle érzi

一　眼，头　也　不　回　地　走向　安检。
yì yǎn, tóu yě bù huí de zǒuxiàng ānjiǎn.

📖53 后来　儿子　发 [17]微信　说，爸，不　好意思，我　知道　你　生气　了。
Hòulái érzi fā Wēixìn shuō, Bà, bù hǎoyìsi, wǒ zhīdao nǐ shēngqì le.

可是　我　已经　不　会 [18]撒谎　了。
Kěshì wǒ yǐjīng bú huì sāhuǎng le.

老　金　无　语。回国　后，老　金　发现　他　出名　了。网上
Lǎo Jīn wú yǔ. Huíguó hòu, Lǎo Jīn fāxiàn tā chūmíng le. Wǎngshàng

盛传　一　个　"穿衣哥"　在　机场　脱　衣服、穿　衣服　的　视频，
shèngchuán yí ge "chuānyīgē" zài jīchǎng tuō yīfu、chuān yīfú de shìpín,

主角儿　正　是　老　金。
zhǔjuér zhèng shì Lǎo Jīn.

后来，老　金　时常　登　帽儿山，登山　时　老　金　吸着　烟，
Hòulái, Lǎo Jīn shícháng dēng Mào'érshān, dēngshān shí Lǎo Jīn xīzhe yān,

遛着　狗。狗　很　随便，跑　几　步　尿　一下，跑　几　步　尿　一下，
liùzhe gǒu. Gǒu hěn suíbiàn, pǎo jǐ bù niào yíxià, pǎo jǐ bù niào yíxià,

偶尔　还　大便　一下。
ǒu'ěr hái dàbiàn yíxià.

老　金　就　叼着　烟，抚摸着　狗　脑袋，很　习惯　地　说，拉　吧，
Lǎo Jīn jiù diāozhe yān, fǔmōzhe gǒu nǎodai, hěn xíguàn de shuō, Lā ba,

拉　吧，反正　也　不　是　在　日本。
lā ba, fǎnzheng yě bú shì zài Rìběn.

得 dé [動] 分かった、もういい、ちえっ　　二话 èrhuà [名] 二の句、異存、文句
鉴于 jiànyú [介] 〜にかんがみて、〜の点から考えて　　撒谎 sāhuǎng [動] うそを言う
半老 bànlǎo [名] 年増　　视频 shìpín [名] ビデオ、映像、動画
折合 zhéhé [動] 換算する、相当する　　拉 lā [動] 大便をする

16 二话不说 ——"二"が含まれる成語

三心二意 sān xīn èr yì　独一无二 dú yī wú èr　一石二鸟 yì shí èr niǎo
说一不二 shuō yī bú èr　一穷二白 yì qióng èr bái　一清二白 yì qīng èr bái

17 微信 —— ウィーチャット

　　WeChat（ウィーチャット）は、中国大手 IT 企業騰訊（テンセント）が開発したインスタントメッセンジャーアプリである。"微信"とは、中国語で少ない文字数の手紙を意味する。送受信したメッセージや画像は中国政府によって監視および検閲されており、安全性には疑問の声がある。

18 撒谎 ——"撒"を含む語彙

1)　[動] **放つ**　　　　　　　　撒网 sāwǎng　撒手 sāshǒu　撒腿 sātuǐ

2)　[動] [口] **排泄する、漏らす**　撒尿 sāniào

3)　[動] [眨]（感情などを）**発散する、ぶちまける**

　　　　　　　　　　　　　　撒娇 sājiāo　撒泼 sāpō　撒气 sāqì　撒野 sāyě
　　　　　　　　　　　　　　撒欢儿 sāhuānr　撒酒疯儿 sā jiǔfēngr

立马 lìmǎ [副] すぐに、たちどころに
横 hèng [形] 粗暴である、不機嫌な
盛传 shèngchuán [動] 広く伝えられる
主角儿 zhǔjuér [名] 主役

帽儿山 Mào'érshān [固] 山の名前
遛 liù [動]（家畜やペットを）連れて歩く
遛狗 liù gǒu [組] イヌを散歩に連れてゆく
偶尔 ǒu'ěr [副] たまに、ときどき、ときおり

09 | 遗产
Yíchǎn

黄 学友 Huáng Xuéyǒu

54 老太太 自己 在 家，心里 装着 事儿，再 加上 [1]耐不住 寂寞，
Lǎotàitai zìjǐ zài jiā, xīnli zhuāngzhe shìr, zài jiāshang nàibuzhù jìmò,

就 给 在 外 工作 的 儿子 马 金宝 打 电话。电话 接通 后，
jiù gěi zài wài gōngzuò de érzi Mǎ Jīnbǎo dǎ diànhuà. Diànhuà jiētōng hòu,

马 金宝 急切 地 问："妈，打 电话，有 事儿 啊？"老太太 说：
Mǎ Jīnbǎo jíqiè de wèn: "Mā, dǎ diànhuà, yǒu shìr a?" Lǎotàitai shuō:

"[2]臭小子，没 事儿 妈 就 不 能 给 你 打 电话？"马 金宝 说：
"Chòuxiǎozi, méi shìr mā jiù bù néng gěi nǐ dǎ diànhuà?" Mǎ Jīnbǎo shuō:

"有 事儿 你 快 说，我 还 忙 着 呢。"老太太 说："你 再 忙 也
"Yǒu shìr nǐ kuài shuō, wǒ hái máng zhene." Lǎotàitai shuō: "Nǐ zài máng yě

得 听 妈 把 话 说完。"马 金宝 说："那 你 说。"老太太 说："你
děi tīng mā bǎ huà shuōwán." Mǎ Jīnbǎo shuō: "Nà nǐ shuō." Lǎotàitai shuō: "Nǐ

赶快 买 一 台 电脑 给 我 送回 家 来。"马 金宝 说："妈，你 都
gǎnkuài mǎi yì tái diànnǎo gěi wǒ sònghuí jiā lái." Mǎ Jīnbǎo shuō: "Mā, nǐ dōu

这 [3]把 年纪 了，还 学 什么 电脑？"老太太 说："别 学着 耍
zhè bǎ niánjì le, hái xué shénme diànnǎo?" Lǎotàitai shuō: "Bié xuézhe shuǎ

贫嘴，你 听 妈 的 话，照办 就是。"说完 就 把 电话 挂 了。
pínzuǐ, nǐ tīng mā de huà, zhàobàn jiùshì." Shuōwán jiù bǎ diànhuà guà le.

55 自从 [4]打了 电话 后，老太太 就 天天 盼着 二 儿子 给 她 买回
Zìcóng dǎle diànhuà hòu, lǎotàitai jiù tiāntiān pànzhe èr érzi gěi tā mǎihuí

一 台 崭新 的 电脑 来。[5]别说，没 多 长 时间，二 儿子 真 给 她
yì tái zhǎnxīn de diànnǎo lái. Biéshuō, méi duō cháng shíjiān, èr érzi zhēn gěi tā

带回了 一 台 新 电脑，不仅 亲自 安装，还 联系 移动 把 电脑
dàihuíle yì tái xīn diànnǎo, bùjǐn qīnzì ānzhuāng, hái liánxì Yídòng bǎ diànnǎo

---

寂寞 jìmò [形] 寂しい、うら寂しい
把 bǎ [量] 抽象的な事物に用いる
耍 shuǎ [動] [方] 遊ぶ、戯れる

贫嘴 pínzuǐ [形] むだ口が多い
耍贫嘴 shuǎ pínzuǐ [組] むだ口をたたく

1　耐不住寂寞 ——「V +"不住"」

1) ～しきれない、～できない

禁不住 jīnbuzhù　　靠不住 kàobuzhù　　藏不住 cángbuzhù　　坐不住 zuòbuzhù

顶不住 dǐngbuzhù　　憋不住 biēbuzhù　　包不住 bāobuzhù

管不住 guǎnbuzhù　　盖不住 gàibuzhù　　挺不住 tǐngbuzhù

2) 語彙化した"V +不住"

闲不住 xiánbuzhù　　对不住 duìbuzhù　　保不住 bǎobuzhù 　　(☞第7課 講釈8)

2　臭小子 ——"臭"は [形／副] 不快な、醜悪な、鼻もちならない、ひどい

臭美 chòuměi（自分の容貌、スタイルなどを鼻にかけて、うぬぼれる様）

臭架子 chòujiàzi　　　臭骂 chòumà

她从小就爱臭美。　　　　　Tā cóngxiǎo jiù ài chòuměi.

我回家就把他臭骂了一顿。　Wǒ huíjiā jiù bǎ tā chòumàle yí dùn.

09

遺产

3　把 ——[量] 抽象的事物に用いることもある

一把年纪 yì bǎ niánjì　　一把力气 yì bǎ lìqi　　一把骨头 yì bǎ gǔtou

妈，你都这把年纪了，还学什么电脑？

4　打了电话 ——"电话"のコロケーション

装电话 zhuāng diànhuà　　来电话 lái diànhuà　　拨电话 bō diànhuà

接电话 jiē diànhuà　　听电话 tīng diànhuà　　回电话 huí diànhuà

挂电话 guà diànhuà　　留电话 liú diànhuà　　拿起电话 náqǐ diànhuà

放下电话 fàngxià diànhuà　　通电话 tōng diànhuà　　煲电话 bāo diànhuà

5　别说 ——[接] ～はもちろんのこと、～は言うに及ばず

别说没有时间，有时间也不去那鬼地方！

Biéshuō méiyou shíjiān, yǒu shíjiān yě bú qù nà guǐ dìfang!

别说你了，我这个室友都难得见到她。

Biéshuō nǐ le, wǒ zhège shìyǒu dōu nándé jiàndào tā.

照办 zhàobàn [動] そのとおりにやる、言われ
たとおりにする

盼 pàn [動] 期待する、待ち望む

崭新 zhǎnxīn [形] 斬新な、真新しい

移动 Yídòng [固] 移动公司的简称

安装 ānzhuāng [動] 据え付ける、設置する、
インストールする

上了 网。老太太 看着 新 装 的 电脑，就 像 得了 宝 似的，
shàngle wǎng. Lǎotàitai kànzhe xīn zhuāng de diànnǎo, jiù xiàng déle bǎo shìde,

⁶乐得 合不拢 嘴。直 夸 儿子 孝顺，听话，办事 利索。二 儿子 要
lède hébulǒng zuǐ. Zhí kuā érzi xiàoshùn, tīnghuà, bànshì lìsuo. Èr érzi yào

返回 单位 了，老太太 还是 不 让 走，马 金宝 就 问："妈，又 有
fǎnhuí dānwèi le, lǎotàitai háishi bú ràng zǒu, Mǎ Jīnbǎo jiù wèn: "Mā, yòu yǒu

什么 事儿 啊？"老太太 说："儿子，你 今年 多 大 了？"马 金宝 说：
shénme shìr a?" Lǎotàitai shuō: "Érzi, nǐ jīnnián duō dà le?" Mǎ Jīnbǎo shuō:

"妈，你 问过 多少 遍 了，⁷烦 不 烦。"老太太 说："都 三十二
"Mā, nǐ wènguo duōshao biàn le, fán bu fán." Lǎotàitai shuō: "Dōu sānshí'èr

了，还 你 不 着急，你 准备 一辈子 打 光棍儿？马 金宝 说："⁸不 是
le, hái nǐ bù zháojí, nǐ zhǔnbèi yíbèizi dǎ guānggùnr? Mǎ Jīnbǎo shuō: "Bú shì

没有 找到 合适 的 吗，再说 也 不 晚。"老太太 说："我 不管，
méiyou zhǎodào héshì de ma, zàishuō yě bù wǎn." Lǎotàitai shuō: "Wǒ bùguǎn,

下回 不 把 儿媳妇 给 我 带回来，我 饶不了 你。"马 金宝 说：
xiàhuí bù bǎ érxífu gěi wǒ dàihuílai, wǒ ráobuliǎo nǐ." Mǎ Jīnbǎo shuō:

"真 是 ⁹瞎 着急。"老太太 说："臭小子，你 说 什么，我 就 急，
"Zhēn shì xiā zháojí." Lǎotàitai shuō: "Chòuxiǎozi, nǐ shuō shénme, wǒ jiù jí,

¹⁰急着 抱 孙子 呢。"
jízhe bào sūnzi ne."

56 自从 安装了 电脑，上了 网，老太太 不 再 到 邻居 家 打
Zìcóng ānzhuāngle diànnǎo, shàngle wǎng, lǎotàitai bú zài dào línjū jiā dǎ

麻将，也 不 再 和 其他 老太太 扎堆儿 ¹¹唠 家常。天天 藏在
májiàng, yě bú zài hé qítā lǎotàitai zhāduīr lào jiācháng. Tiāntiān cángzài

屋里 坐在 电脑 前 练 打字。
wūli zuòzài diànnǎo qián liàn dǎzì.

老太太 年轻 时 上过 识字 班，虽说 识字 不 是 很 多，可
Lǎotàitai niánqīng shí shàngguo shízì bān, suīshuō shízì bú shì hěn duō, kě

大路 上 的 字 也 认识 一些。就是 拼音 没 学好，给 打字 带来了
dàlù shang de zì yě rènshi yìxiē. Jiùshì pīnyīn méi xuéhǎo, gěi dǎzì dàilaile

---

合不拢 hébulǒng [動] 閉じられない、合わせら
れない

利索 lìsuo [形]（動作が）てきぱきしている

单位 dānwèi [名] 所属部門、職場、勤め先

打光棍儿 dǎ guānggùnr [慣]（多く男性が）独
身を通す、独り者でいる

6 乐得合不拢嘴 —— **様態か程度か**

吓得不知如何是好	xiàde bù zhī rúhé shì hǎo
乐得前仰后合	lède qián yǎng hòu hé
惊得半天说不出话来	jīngde bàntiān shuōbuchū huà lái
累得上气不接下气	lèide shàng qì bù jiē xià qì
困得连眼皮都抬不起来	kùnde lián yǎnpí dōu táibuqǐlai

7 烦不烦 —— **疑問を表さない疑問文**

又来了，你烦不烦呀。　　　　　　Yòu lái le, nǐ fán bu fán ya.

都折腾一天了，你累不累呀！　　Dōu zhēteng yì tiān le, nǐ lèi bu lèi ya!

孩子已经失踪三天了，你说急人不急人？

Háizi yǐjīng shīzōng sān tiān le, nǐ shuō jí rén bu jí rén? 　　　　(☞第2課 講釈4)

8 不是没找到合适的吗 ——「"不是"を用いる」 **反語文**

不是还没做完吗，所以才要加班呀。

Bú shì hái méi zuòwán ma, suǒyǐ cái yào jiābān ya.

不是已经检查过了吗，还要再检查吗？

Bú shì yǐjīng jiǎncháguo le ma, hái yào zài jiǎnchá ma? 　　　　(☞第7課 講釈6)

9 瞎着急 ——"瞎"[副]やたらに、むやみに、余計に

瞎编 xiā biān	瞎胡闹 xiā húnào	瞎想 xiā xiǎng	瞎折腾 xiā zhēteng
瞎转 xiā zhuàn	瞎混 xiā hùn	瞎逛 xiā guàng	瞎跑 xiā pǎo
瞎起哄 xiā qǐhòng	瞎操心 xiā cāoxīn	瞎指挥 xiā zhǐhuī	

10 急着抱孙子呢 —— **早く孫の顔が見たい**

　日本で「孫」と言うところ，中国では男の子なら"孙子"というが，女の子ならわざわざ"孙女"という。"急着抱孙子呢"というセリフからは男の子が欲しいという思いが見える。長男のほうに"乔乔"という女の子がいるのでなおさらだろう。

11 唠家常 ——"聊天儿"を方言で言うと

北京话：侃大山 kǎn dàshān　　　东北话：唠嗑儿 làokēr

山东话：拉呱儿 lā guǎr　　　　　四川话：摆龙门阵 bǎi lóngménzhèn

饶 ráo [動] 許す、勘弁する　　　　唠 lào [動][方] 話す、しゃべる
瞎 xiā [副] やたらに、むやみに　　藏 cáng [動] 隠す、隠れる
抱孙子 bào sūnzi [動] 初めて孫が生まれる　识字 shízì [動] 字を覚える、字が読める
扎堆儿 zhāduīr [動] 人が寄り集まる　　大路 dàlù [名] 大衆向け

困难。后来 她 想出了 一 个 办法 —— 把 拼音 换成 汉字，写在
kùnnan. Hòulái tā xiǎngchūle yí ge bànfǎ — Bǎ pīnyīn huànchéng hànzì, xiězài

便签纸 上，再 贴在 键盘 上。 这样 一 来， 键盘 上 的 "B" 就
biànqiānzhǐ shang, zài tiēzài jiànpán shang. Zhèyàng yì lái, jiànpán shang de "B" jiù

成了 "玻"，"P" 就 成了 "坡"…… [12]功夫 不 负 有心人，经过 反复
chéngle "bō", "P" jiù chéngle "pō" …… Gōngfu bú fù yǒuxīnrén, jīngguò fǎnfù

练习，她 终于 学会了 打字。接下来 她 想 申请 一 个 [13]QQ号，
liànxí, tā zhōngyú xuéhuìle dǎzì. Jiēxiàlai tā xiǎng shēnqǐng yí ge QQ hào,

可 [14]却 不 会，她 就 盼着 乔乔 快 点儿 回来。
kě què bú huì, tā jiù pànzhe Qiáoqiao kuài diǎnr huílai.

[57] 乔乔 是 老太太 大儿子 马 金龙 的 女儿，自己 的 孙女儿。马
Qiáoqiao shì lǎotàitai dà'érzi Mǎ Jīnlóng de nǚ'ér, zìjǐ de sūnnǚr. Mǎ

金龙 在 一 座 大 城市 打工， 乔乔 就 在 那 座 大 城市 上
Jīnlóng zài yí zuò dà chéngshì dǎgōng, Qiáoqiao jiù zài nà zuò dà chéngshì shàng

初中。 她 想："现在 的 小孩儿 个个 都 是 [15]鬼机灵， 乔乔 一定
chūzhōng. Tā xiǎng: "Xiànzài de xiǎoháir gègè dōu shì guǐjīling, Qiáoqiao yídìng

知道 怎么 申请 QQ号。"好在 盼到了 暑假，大儿子 马 金龙 带着
zhīdao zěnme shēnqǐng QQ hào." Hǎozài pàndàole shǔjià, dà'érzi Mǎ Jīnlóng dàizhe

乔乔 回来 看 她。吃过 晚饭，她 把 乔乔 叫到 身边 说：
Qiáoqiao huílai kàn tā. Chīguo wǎnfàn, tā bǎ Qiáoqiao jiàodào shēnbiān shuō:

"乔乔，我 的 好 孙女儿，能 帮 奶奶 办 件 事儿 吗？" 乔乔
"Qiáoqiao, wǒ de hǎo sūnnǚr, néng bāng nǎinai bàn jiàn shìr ma?" Qiáoqiao

睁着 大眼 [16]拍着 小 胸脯 说："奶奶，什么 事？ 你 就 说 吧，
zhēngzhe dà yǎn pāizhe xiǎo xiōngpú shuō: "Nǎinai, shénme shì? Nǐ jiù shuō ba,

包在 我 身上。" 老太太 笑了笑 说："帮 奶奶 申请 一 个
bāozài wǒ shēnshang." Lǎotàitai xiàolexiào shuō: "Bāng nǎinai shēnqǐng yí ge

QQ号。" 乔乔 跳了跳 说："好 啊，那 奶奶 的 网名 叫 啥 啊？"
QQ hào." Qiáoqiao tiàoletiào shuō: "Hǎo a, nà nǎinai de wǎngmíng jiào shá a?"

老太太 想了想 说："就 叫 帅哥 吧。"乔乔 也 笑了笑 说：
Lǎotàitai xiǎnglexiǎng shuō: "Jiù jiào shuàigē ba." Qiáoqiao yě xiàolexiào shuō:

12 功夫不负有心人 —— ［諺］努力は必ず報われる

有志者，事竟成。　　　　　　　Yǒu zhì zhě, shì jìng chéng.
只要功夫深，铁杵磨成针。　　　Zhǐyào gōngfu shēn, tiěchǔ móchéng zhēn.
世上无难事，只怕有心人。　　　Shìshàng wú nánshì, zhǐpà yǒuxīnrén.

13 QQ号 —— パソコン関連用語

电脑 diànnǎo　　　键盘 jiànpán　　　上网 shàngwǎng　　　下载 xiàzài
上传 shàngchuán　　菜单 càidān　　　网名 wǎngmíng　　　密码 mìmǎ
软件 ruǎnjiàn　　　硬件 yìngjiàn　　　路由器 lùyóuqì（ルーター）

14 却 / 倒 —— 類義語「だが、〜だけれども」

　共に「逆接関係や予想外」を表す。"却"はふつう前に文があり、その前文に対する逆接を客観的に述べる。"倒"は単文中でも使われ、話し手の主観を含み、常識や予想に反した場合に用いる。よく"倒是"として現れる

我不想吃，他却非让我吃。　　　Wǒ bù xiǎng chī, tā què fēi ràng wǒ chī.
说起来容易，做起来却很难。　　Shuōqǐlai róngyì, zuòqǐlai què hěn nán.
题不难，量却（/ 倒）很大。　　 Tí bù nán, liàng què(/dào)hěn dà.
刚想去找他，他倒（/ 却）来了。 Gāng xiǎng qù zhǎo tā, tā dào(/què)lái le.
这件大衣好倒是好，就是太贵了。 Zhè jiàn dàyī hǎo dàoshì hǎo, jiù shì tài guì le.
你倒是给还是不给啊？　　　　　Nǐ dàoshì gěi háishi bù gěi a?

15 鬼机灵 —— ［形］［口］非常に賢い。すばしっこい「おチビ」さん

　"鬼"には本来「利発である、賢い」という意味があり、"鬼机灵"は「"鬼"のように賢い」

机灵鬼 jīlingguǐ　　　猴儿精 hóurjīng　　　小鬼 xiǎoguǐ

16 拍胸脯 —— 「胸をたたいて」ボディランゲージ

1) 双手合十 shuāngshǒu héshí　　　2) 竖大拇指 shù dàmǔzhǐ
3) 竖掌叫停 shù zhǎng jiào tíng　　 4) V字手势 V zì shǒushì
5) OK手势 OK shǒushì　　　　　　　6) 点头 Yes 摇头 No diǎntóu Yes yáotóu No

她无奈地耸耸肩，礼貌地笑笑。
Tā wúnài de sǒngsong jiān, lǐmào de xiàoxiao.

便签 biànqiān［名］メモ、書き付け
QQ号 QQhào［固］QQID、中国の代表的なチャット・ソフト
鬼机灵 guǐjīling［形］［口］非常に賢い

睁 zhēng［動］目を開ける、見開く
胸脯 xiōngpú［名］胸
包 bāo［動］全面的に引き受ける、請け負う、全責任を負う

"奶奶，你 可 真 有意思，都 这么 大 年纪 了，再说 又 不 是 男
"Nǎinai, nǐ kě zhēn yǒuyìsi, dōu zhème dà niánjì le, zàishuō yòu bú shì nán

的，还 起 个 网名 叫 帅哥。"老太太 说："乔乔 乖，就 按 奶奶
de, hái qǐ ge wǎngmíng jiào shuàigē." Lǎotàitai shuō: "Qiáoqiao guāi, jiù àn nǎinai

说 的 办。"乔乔 为 奶奶 申请了 一 个 QQ号，网名 就 叫 帅哥。
shuō de bàn." Qiáoqiao wèi nǎinai shēnqǐngle yí ge QQ hào, wǎngmíng jiù jiào shuàigē.

58 有了 QQ 号，老太太 上网 的 时间 更 长 了，有时 晚上
Yǒule QQ hào, lǎotàitai shàngwǎng de shíjiān gèng cháng le, yǒushí wǎnshang

熬到 十一 点 多 钟，熬得 一 双 老眼 直 流泪。
áodào shíyī diǎn duō zhōng, áode yì shuāng lǎoyǎn zhí liúlèi.

老太太 聊天儿 [17]聊上了 瘾。
Lǎotàitai liáotiānr liáoshangle yǐn.

老太太 在 网上 聊天儿 跟 别人 不 一样，她 是 一边 聊 一边
Lǎotàitai zài wǎngshàng liáotiānr gēn biéren bù yíyàng, tā shì yìbiān liáo yìbiān

自 言 自 语。聊到 高兴 时 就 说："这个 姑娘 还 行，长得 俊，
zì yán zì yǔ. Liáodào gāoxìng shí jiù shuō: "Zhège gūniang hái xíng, zhǎngde jùn,

说话 又 甜，谁 要 遇上 了，那 才 是 [18]八 辈子 修来 的 福。"
shuōhuà yòu tián, shéi yào yùshang le, nà cái shì bā bèizi xiūlai de fú."

聊到 不 高兴 时，就 生气 地 说："[19]什么 素质，年 轻轻 不
Liáodào bù gāoxìng shí, jiù shēngqì de shuō: "Shénme sùzhì, nián qīngqīng bù

学好，满嘴 脏话，[20]下流 胚子 一 个。"说着 还 把 键盘 拍得
xuéhǎo, mǎnzuǐ zānghuà, xiàliú pēizi yí ge." Shuōzhe hái bǎ jiànpán pāide

啪啪 响。
pāpā xiǎng.

再说 zàishuō [接] そのうえ、それに、加えて
乖 guāi [形]（子供が）利口である、言うことを
  よく聞いておとなしい、聞き分けがいい、
上瘾 shàngyǐn [動] 癖になる、中毒する、熱中
  してとりこになる
俊 jùn [形]（容貌が）美しい、優れている
八辈子 bābèizi [慣] 何代かの、長い間の
修 xiū [動] 修業する、修行する、
满嘴 mǎnzuǐ [名] 言うことすべて
脏话 zānghuà [名] 汚い言葉、下品な言葉

17 聊上了瘾 ── "上瘾"は夢中になる、ハマる、癖になって止められない

迷上 míshang　　着迷 zháomí　　入迷 rùmí　　痴迷 chīmí
着魔 zháomó　　沉迷 chénmí　　不能自拔 bù néng zì bá

我迷上了吉他。Wǒ míshangle jítā.

他最近天天玩儿游戏，就像着了魔似的。
Tā zuìjìn tiāntiān wánr yóuxì, jiù xiàng zháole mó shìde.

他已经沉迷于酒色而不能自拔。
Tā yǐjīng chénmíyú jiǔsè ér bù néng zì bá.

18 八辈子修来的福 ── 八辈子 [名]何代かの、長い間の

姐夫他肯娶你，是你八辈子修来的福分！
Jiěfu tā kěn qǔ nǐ, shì nǐ bābèizi xiūlai de fúfen!

我嫁给你算是倒了八辈子霉！Wǒ jiàgěi nǐ, suànshì dǎole bābèizi méi!

他呀，那么个德行，我八辈子也看不上！
Tā ya, nàme ge déxing, wǒ bābèizi yě kànbushàng!

19 什么素质 ──「"什么"を用いる」反語文

什么爱情，什么轰轰烈烈，到最后，都得过日子。
Shénme àiqíng, shénme hōnghōng lièliè, dào zuìhòu, dōu děi guò rìzi.

什么玩意儿，你以为你是谁呀，Shénme wányìr, nǐ yǐwéi nǐ shì shéi ya,

什么海誓山盟，什么诺言都是屁话…
Shénme hǎishì shānméng, shénme nuòyán dōu shì pì huà…

20 下流胚子一个 ── まさにそのもの

废人一个 fèirén yí ge　　　　草包一个 cǎobāo yí ge
老顽固一个 lǎowángù yí ge　　光棍儿一个 guānggùnr yí ge

只可惜书呆子一个，一点情趣也没有。
Zhǐ kěxī shūdāizi yí ge, yìdiǎn qíngqù yě méiyou.

你乡巴佬一个，也不怕把人家姑娘吓着。
Nǐ xiāngbālǎo yí ge, yě bú pà bǎ rénjia gūniang xiàzhe.

我穷光蛋一个，也没知名度，配不上你。
Wǒ qióngguāngdàn yí ge, yě méi zhīmíngdù, pèibushàng nǐ.

下流 xiàliú [名] 下品である、卑しい、下劣だ
胚子 pēizi [名] [俗] カイコの卵の胚胎、[喩]
　素質をもった人材、〜のたまご。美人胚子、
　演员胚子

啪啪 pāpā [擬音] (銃声・拍手・物のぶつかり
　合う音)パン、バン、パチッ、パタン

95

59 老太太 毕竟 年事 已 高，身体 越来越 差。一 天 突然 病倒
Lǎotàitai bìjìng niánshì yǐ gāo, shēntǐ yuèláiyuè chà. Yì tiān tūrán bìngdǎo

了，这 一 病倒 再 也 没有 起身。病 重 期间，她 在 外 的 两
le, zhè yí bìngdǎo zài yě méiyou qǐshēn. Bìng zhòng qījiān, tā zài wài de liǎng

个 儿子 都 赶了回来。她 把 两 个 儿子 叫到 病床 前，趁 还
ge érzi dōu gǎnlehuílai. Tā bǎ liǎng ge érzi jiàodào bìngchuáng qián, chèn hái

有一 口 气，要 给 他们 分 遗产。房屋 钱财 全 分完 了，老太太
yǒu yì kǒu qì, yào gěi tāmen fēn yíchǎn. Fángwū qiáncái quán fēnwán le, lǎotàitai

就 用 迷离 的 眼光 盯着 二 儿子 马 金宝 说："儿 啊，妈妈 还
jiù yòng mílí de yǎnguāng dīngzhe èr érzi Mǎ Jīnbǎo shuō: "Ér a, māma hái

有 话 单独 对 你 说。"马 金宝 又 往 妈妈 的 脸前 凑了凑 说：
yǒu huà dāndú duì nǐ shuō." Mǎ Jīnbǎo yòu wǎng māma de liǎnqián còulecòu shuō:

"妈 你 就 说 吧，我 听 [21]着呢。老太太 喘着 粗气 说："你 都
"Mā nǐ jiù shuō ba, wǒ tīng zhene. Lǎotàitai chuǎnzhe cūqì shuō: "Nǐ dōu

三十 多 了，年纪 不 小 了，应该 成 个 家 了。妈妈 知道 你
sānshí duō le, niánjì bù xiǎo le, yīnggāi chéng ge jiā le. Māma zhīdao nǐ

工作 忙，没 时间 谈 对象，妈 着急 啊，就 在 网上 替 你 找。
gōngzuò máng, méi shíjiān tán duìxiàng, mā zháojí a, jiù zài wǎngshang tì nǐ zhǎo.

我 在 QQ 上 给 你 谈好了 十几 个 姑娘，现在 我 把 QQ 密码
Wǒ zài QQ shang gěi nǐ tánhǎole shíjǐ ge gūniang, xiànzài wǒ bǎ QQ mìmǎ

告诉 你，你 抽 时间 跟 她们 谈谈，定下 一 个 来，这样 妈 死了
gàosu nǐ, nǐ chōu shíjiān gēn tāmen tántan, dìngxià yí ge lái, zhèyàng mā sǐle

也 能 合上 眼 了……"
yě néng héshang yǎn le……。

　　马 金宝 还 没 听完 妈妈 的 话，[22]眼泪 就 唰 地 流了下来。
　　Mǎ jīnbǎo hái méi tīngwán māma de huà, yǎnlèi jiù shuā de liúlexiàlai.

他 想 这 是 妈妈 留给 自己 的
Tā xiǎng zhè shì māma liúgěi zìjǐ de

一 份 特殊 的 遗产。
yí fèn tèshū de yíchǎn.

09
遗产

21 着呢 ── ［助］形容詞や形容詞的語句の後に置き、程度や状態を強調する

她聪明着呢。　　　　　　Tā cōngming zhene.（可别以为她笨）
你没见过的东西多着呢。　Nǐ méi jiànguo de dōngxi duō zhene.
有事你快说，我还忙着呢。Yǒu shì nǐ kuài shuō, wǒ hái máng zhene.
别看她 80 多岁了，身体硬朗着呢。
Biékàn tā bāshí duō suì le, shēntǐ yìnglang zhene.

22 眼泪就唰地流了下来。──「涙」で終わる　中国ショートショート

眼圈儿红了 yǎnquānr hóng le　　　泪流满面 lèi liú mǎnmiàn
泪如雨下 lèi rú yǔ xià　　　　　　满脸泪痕 mǎnliǎn lèihén
声泪俱下 shēng lèi jù xià　　　　　热泪盈眶 rèlèi yíngkuàng
潸然泪下 shānrán lèi xià　　　　　老泪纵横 lǎolèi zònghéng

（☞第 5 課 講釈 17）

09

遺
産

年事 niánshì［名］［書］年齢
起身 qǐshēn［動］立ち上がる
赶 gǎn［動］急いで〜する、はやく〜する、急ぐ
趁 chèn［介］（時間・条件・機会を）利用して、機に乗じて
迷离 mílí［形］ぼんやりしている、うつろな
凑 còu［動］近づく、接近する
喘 chuǎn［動］あえぐ、息切れする、呼吸する

成家 chéngjiā［動］（男性が）一家を構える、所帯を持つ
替 tì［介］〜のために
谈对象 tán duìxiàng［組］恋をする、恋愛する
密码 mìmǎ［名］暗号、パスワード
合眼 héyǎn［動］目を閉じる、眠る、寝る
唰 shuā［擬音］ハラハラ

赵 明宇 Zhào Míngyǔ

📄60 锁王 老 彭 生意 奇 好。元城人 常常 看到 他 骑着
Suǒwáng Lǎo Péng shēngyi qí hǎo. Yuánchéngrén chángcháng kàndào tā qízhe

电动车 沿街 串巷 的 身影，还 不时 地 打 电话。
diàndòngchē yánjiē chuànxiàng de shēnyǐng, hái bùshí de dǎ diànhuà.

老 彭 精瘦，猴子 一样，却 天生 一 双 巧手，小 时候
Lǎo Péng jīngshòu, hóuzi yíyàng, què tiānshēng yì shuāng qiǎoshǒu, xiǎo shíhou

对 锁 感 兴趣，把 个¹好端端 的 锁 拆得²七 零 八 落，再 重新
duì suǒ gǎn xìngqù, bǎ ge hǎoduānduān de suǒ chāide qī líng bā luò, zài chóngxīn

组合。高中 毕业 那 一 年，老 彭 喜欢上了 写 文章，在 市报
zǔhé. Gāozhōng bìyè nà yì nián, Lǎo Péng xǐhuanshangle xiě wénzhāng, zài shìbào

发表过 一 首 诗，最 著名 的 一 句 是：白云 是 我 的 翅膀，
fābiǎoguo yì shǒu shī, zuì zhùmíng de yí jù shì: Báiyún shì wǒ de chìbǎng,

踏着 风 在 月光 中 飞翔。老 彭 写 的 稿纸 摞起来 比 自己
tàzhe fēng zài yuèguāng zhōng fēixiáng. Lǎo Péng xiě de gǎozhǐ luòqǐlai bǐ zìjǐ

还 高，日子 依然 是³清 汤 寡 水，女孩子 说 他 精神病。
hái gāo, rìzi yīrán shì qīng tāng guǎ shuǐ, nǚháizi shuō tā jīngshénbìng.

老 彭 年 过 三十 还 没有 讨上 老婆，无奈，⁴倒是 研究起 锁
Lǎo Péng nián guò sānshí hái méiyou tǎoshang lǎopo, wúnài, dàoshì yánjiūqǐ suǒ

来 了。无论 多么 千 奇 百 怪 的 锁，他 不 用 钥匙，⁵三 弄
lái le. Wúlùn duōme qiān qí bǎi guài de suǒ, tā bú yòng yàoshi, sān nòng

两 弄 就 开 了，⁶像 念 魔咒 一样 令 人 叫绝。邻居们 家 的
liǎng nòng jiù kāi le, xiàng niàn mózhòu yíyàng lìng rén jiàojué. Línjūmen jiā de

锁 打不开 都 是 找 他 帮忙，笑嘻嘻 地 称 他 是 锁王。
suǒ dǎbukāi dōu shì zhǎo tā bāngmáng, xiàoxīxī de chēng tā shì suǒwáng.

奇 qí［副］非常に、とても	身影 shēnyǐng［名］人の姿
元城 Yuánchéng［固］地名	不时 bùshí［副］よく、しょっちゅう、しばしば
沿街 yánjiē［副］通りに沿って、通り沿いに	摞 luò［動］一つ一つ積み上げる、積み重ねる
串巷 chuànxiàng［動］通りや路地を歩き回る	

講釈 たれてもよいですか?

1 好端端 —— ABB型形容詞

黄灿灿 huángcàncàn　　黑糊糊 hēihūhū　　赤裸裸 chìluǒluǒ　　恶狠狠 èhěnhěn
热腾腾 rèténgténg　　喜洋洋 xǐyángyáng　　笑嘻嘻 xiàoxīxī
(☞第2課 講釈1、第7課 講釈12)

2 七零八落 —— "七"と"八"の組み合わせ

七上八下 qī shàng bā xià　　七零八落 qī líng bā luò　　七嘴八舌 qī zuǐ bā shé
七手八脚 qī shǒu bā jiǎo　　七拼八凑 qī pīn bā còu　　七老八十 qī lǎo bā shí
横七竖八 héng qī shù bā　　杂七杂八 zá qī zá bā　　乱七八糟 luàn qī bā zāo

3 清汤寡水 —— 粗末な食事

稀汤寡水 xī tāng guǎ shuǐ　　　　粗茶淡饭 cū chá dàn fàn
⇔ 山珍海味 shān zhēn hǎi wèi　　美味佳肴 měi wèi jiā yáo

4 倒是 —— 類義語"却 / 倒"

(☞第9課 講釈14)

5 三弄两弄 —— "三"と"两"の組み合わせ

两面三刀 liǎng miàn sān dāo　　三长两短 sān cháng liǎng duǎn
三言两语 sān yán liǎng yǔ　　三天两头 sān tiān liǎng tóu
三三两两 sān sān liǎng liǎng

6 像念魔咒一样 —— 比喩 "像～一样"

脸色像熟透了的杏子一样　liǎnsè xiàng shútòule de xìngzi yíyàng
裙子像皱巴巴的葱皮一样　qúnzi xiàng zhòubābā de cōngpí yíyàng
稻谷像金黄色的地毯一样　dàogǔ xiàng jīnhuángsè de dìtǎn yíyàng

讨 tǎo［動］妻をもらう、めとる

无奈 wúnài［動］どうしようもない、しかたがない、やむを得ない

倒是 dàoshì［副］逆接を表す、なんと

弄 nòng［動］する、やる、つくる

精瘦 jīngshòu［形］痩せこけている

巧手 qiǎoshǒu［名］確かな腕前、手先が器用であること

好端端 hǎoduānduān［形］正常である、平穏無事である、何事もない

七零八落 qī líng bā luò［成］ばらばらである

市报 shìbào［名］地方新聞

61 有 一 户 人家 失盗，知道 他 会 开锁，便 怀疑 他。正好
Yǒu yí hù rénjiā shīdào, zhīdao tā huì kāisuǒ, biàn huáiyí tā. Zhènghǎo

老 彭 下岗，在 家 闲着 没 事儿 干，干脆 在 公安局 [7]备案，干起
Lǎo Péng xiàgǎng, zài jiā xiánzhe méi shìr gàn, gāncuì zài gōngānjú bèi'àn, gànqǐ

[8]开锁 这 一 行。
kāisuǒ zhè yì háng.

老 彭 开锁 有 个 怪癖，公家 找 他， 他 开价 很 高。而
Lǎo Péng kāisuǒ yǒu ge guàipǐ, gōngjiā zhǎo tā, tā kāijià hěn gāo. Ér

平民 百姓 找 他， 却 要 钱 极 少， 甚至 [9]分 文 不 取。老 彭
píngmín bǎixìng zhǎo tā, què yào qián jí shǎo, shènzhì fēn wén bù qǔ. Lǎo Péng

自 有 老 彭 的 道理，公家 的 锁 重要 啊，锁着 的 全 是 重要
zì yǒu Lǎo Péng de dàolǐ, gōngjiā de suǒ zhòngyào a, suǒzhe de quán shì zhòngyào

文件，当然 要价 高 了。若是 向 老百姓 要价 高，人家 一 锤-
wénjiàn, dāngrán yàojià gāo le. Ruòshì xiàng lǎobǎixìng yàojià gāo, rénjia yì chuí-

下去 把 锁 砸开 了，[10]大不了 换 一 把 新 锁。
xiàqu bǎ suǒ zákāi le, dàbuliǎo huàn yì bǎ xīn suǒ.

仔细 琢磨，老 彭 说得 有 道理。
Zǐxì zómo, Lǎo Péng shuōde yǒu dàolǐ.

62 元城县 物价局 局长 办公室 的 钥匙 丢 了，不仅 办公室
Yuánchéngxiàn wùjiàjú júzhǎng bàngōngshì de yàoshi diū le, bùjǐn bàngōngshì

打不开，关键 是 那 几 个 抽屉 里面 的 资料 急着 用。只好 找
dǎbukāi, guānjiàn shì nà jǐ ge chōuti lǐmiàn de zīliào jízhe yòng. Zhǐhǎo zhǎo

老 彭 来 开锁。老 彭 来 了，[11]不 卑 不 亢 地 说 咱们 [12]先 小人
Lǎo Péng lái kāisuǒ. Lǎo Péng lái le, bù bēi bú kàng de shuō zánmen xiān xiǎorén

后 君子，价钱 一千 元。局长 的 眼睛 睁得 像 鸡蛋，打量
hòu jūnzǐ, jiàqián yìqiān yuán. Júzhǎng de yǎnjing zhēngde xiàng jīdàn, dǎliang

劫匪 一样 瞅着 老 彭 说，在 这里 你 还 敢 乱 要价，你 打劫
jiéfěi yíyàng chǒuzhe Lǎo Péng shuō, zài zhèli nǐ hái gǎn luàn yàojià, nǐ dǎjié

啊？ 一千 元 能 买回 两 箱子 锁。老 彭 听了 并 不 解释，
a? Yìqiān yuán néng mǎihuí liǎng xiāngzi suǒ. Lǎo Péng tīngle bìng bù jiěshì,

---

魔咒 mózhòu [名] 不思議な呪文

叫绝 jiàojué [動] 喝采する

笑嘻嘻 xiàoxīxī [形] にこにこ笑うさま

失盗 shīdào [動] 盗難に遭う

下岗 xiàgǎng [動] 失業する

干脆 gāncuì [副] いっそのこと、思い切って

开锁 kāisuǒ [組] 鍵を開ける

怪癖 guàipǐ [名] 奇癖、変な癖、

开价 kāijià [動] 値段をつける

分文不取 fēn wén bù qǔ [成] 無料である

要价 yàojià [動] (売り手が客に)代金を請求す
る、支払いを求める

若是 ruòshì [接] もし…ならば

100

7 备案 —— 所轄の役所にどのような社会的活動に従事しているか等を届け出、
档案に記録として保管される。

此事已报上级备案。Cǐshì yǐ bào shàngjí bèi'àn.
干脆在公安局备案，干起开锁这一行。

8 开锁这一行 —— 多音字

这一行真行 zhè yì háng zhēn xíng　　又便宜又方便 yòu piányi yòu fāngbiàn
在教室里教书 zài jiàoshì li jiāoshū　　还没还钱 hái méi huán qián
一边看家一边看书　yìbiān kānjiā yìbiān kànshū
长江边长满了绿树　Chángjiāng biān zhǎngmǎnle lù shù

他每次出差都差不多要出点儿差错。
Tā měicì chūchāi dōu chàbuduō yào chū diǎnr chācuò.

(☞第 2 課 講釈 10、第 3 課 講釈 1、第 6 課 講釈 12)

9 分文不取 —— 一文も取らない

一言不发 yì yán bù fā　　一事无成 yí shì wú chéng　　一尘不染 yì chén bù rǎn
一蹶不振 yì jué bú zhèn　　一成不变 yì chéng bú biàn　　一病不起 yí bìng bù qǐ

(☞第 6 課 講釈 8)

10 大不了 —— せいぜいが、最悪でも

赶不上车，大不了走回去。　　Gǎnbushàng chē, dàbuliǎo zǒuhuíqu.
不要怕错，大不了被骂一顿罢了。Búyào pà cuò, dàbuliǎo bèi mà yí dùn bàle.
想做就做呗。失败了大不了再来一次。
Xiǎng zuò jiù zuò bei. Shībàile dàbuliǎo zài lái yí cì.

11 不卑不亢 —— 不A不B（AとBは反義語である）

(☞第 7 課 講釈 11)

12 先小人后君子 —— 君子と小人

君子动口不动手。　　Jūnzǐ dòng kǒu bú dòng shǒu.
君子一言，驷马难追。　Jūnzǐ yì yán, sì mǎ nán zhuī.
君子坦荡荡，小人长戚戚。Jūnzǐ tǎndàngdàng, xiǎorén cháng qīqī.

锤 chuí［名］金槌、ハンマー
仔细 zǐxì［形］細心である、きめ細かい
琢磨 zuómo［動］思案する、よく考える
关键 guānjiàn［名］重要な部分、かなめ、キーポイント、かぎ
不卑不亢 bù bēi bú kàng［成］おごらずへつらわず、傲慢でもなければ卑屈でもない
先小人后君子 xiān xiǎorén hòu jūnzǐ［慣］先

に小人、後には君子
睁 zhēng［動］目を開ける、見開く
打量 dǎliang［動］注意深く見る、見回す
劫匪 jiéfěi［名］追いはぎや乗っ取り犯など
瞅 chǒu［動］［方］見る
乱 luàn［副］みだりに、やたらに、好き勝手に
打劫 dǎjié［動］（財物を）強奪する、奪い取る

10

元城锁王

憨憨 一 笑，收拾 工具，转身 就 走。
hānhān yí xiào, shōushi gōngjù, zhuǎnshēn jiù zǒu.

走到 楼下，局长 的 秘书 跟上来，一 副 生气 的 样子 说，
Zǒudào lóuxià, júzhǎng de mìshū gēnshànglai, yí fù shēngqì de yàngzi shuō,

不 就 是 一千 块 钱？给 你 还 不行 吗？老 王 这 下 才 转回
bú jiù shì yìqiān kuài qián? Gěi nǐ hái bùxíng ma? Lǎo Wáng zhè xià cái zhuǎnhuí

身，一 言 不 发，随 秘书 上 楼，掏出 工具，这儿 捅捅，那儿
shēn, yì yán bù fā, suí mìshū shàng lóu, tāochū gōngjù, zhèr tǒngtong, nàr

敲敲，¹³三 下 五 除 二 就 把 局长 的 锁 全 打开 了。
qiāoqiao, sān xià wǔ chú èr jiù bǎ júzhǎng de suǒ quán dǎkāi le.

📖63 有 个 年轻人 贼 眉 鼠 眼 地 跟在 老 彭 身 后，缠着 老
Yǒu ge niánqīngrén zéi méi shǔ yǎn de gēnzài Lǎo Péng shēn hòu, chánzhe Lǎo

彭 要 拜师 学艺。老 彭 笑笑 说，你 还 年轻，学 点儿 别的 吧，
Péng yào bàishī xuéyì. Lǎo Péng xiàoxiao shuō, nǐ hái niánqīng, xué diǎnr biéde ba,

¹⁴干 什么 都 养人。再 说 了，开锁 是 特殊 行业，凭 的 不
gàn shénme dōu yǎng rén. Zài shuō le, kāisuǒ shì tèshū hángyè, píng de bù

仅仅 是 技术。年轻人 说，我 到 公安局 备案 还 不行？老 彭
jǐnjǐn shì jìshù. Niánqīngrén shuō, Wǒ dào gōng'ānjú bèi'àn hái bùxíng? Lǎo Péng

说，有些 东西 备案 也 不 好使。
shuō, yǒuxiē dōngxi bèi'àn yě bù hǎoshǐ.

老 彭 40 多 岁 的 时候，手里 有了 点 积蓄，看上了 莲湖巷
Lǎo Péng sìshí duō suì de shíhou, shǒuli yǒule diǎnr jīxù, kànshangle Liánhúxiàng

鲜花店 的 女 老板 马 寡妇，就 托 媒婆 去 说合。马 寡妇 一 副
xiānhuādiàn de nǚ lǎobǎn Mǎ guǎfu, jiù tuō méipó qù shuōhe. Mǎ guǎfu yí fù

贵妇 打扮，虽 是 ¹⁵徐娘 半老，依然 风韵 犹 存，根本 就
guìfù dǎban, suī shì xúniáng bànlǎo, yīrán fēngyùn yóu cún, gēnběn jiù

看不上 一 个 ¹⁶修锁 的。马 寡妇 跟 媒婆 说，如果 是 个
kànbushàng yí ge xiūsuǒ de. Mǎ guǎfu gēn méipó shuō, rúguǒ shì ge

董事长 什么 的 还 值得 考虑，老 彭 啊？¹⁷一边 凉快 去。
dǒngshìzhǎng shénme de hái zhíde kǎolù, Lǎo Péng a? Yìbiān liángkuai qù.

憨憨 hānhān [形] 实直なさま、愚かなさま。
副 fù [量] 顔つきや表情についていう
捅 tǒng [動] 突く、突き抜く、突き刺す
贼眉鼠眼 zéi méi shǔ yǎn [成] きょろきょろ
　と落ち着きのないさま

缠着 chánzhe [動] まつわりつく、つきまとう
拜师 bàishī [動] 門弟となる
莲湖巷 Liánhúxiàng [固] 地名
寡妇 guǎfu [名] 寡婦、未亡人

10
元城锁王

13 三下五除二 ── [慣] てきぱきと片付けること、造作もないことの喩え

三下五除二 ── ソロバンの"口訣"

右のようなソロバンにおいて3を加えようとすると
一の位には珠がすでに3つあり、
ここには加えられない。そこで5珠をおろし、
余分に加えた分の2を引いてやる。

他三下五除二就把事情办完了。
Tā sān xià wǔ chú èr jiù bǎ shìqing bànwán le.

14 干什么都养人 ── 人（泛指）

令人感动 lìng rén gǎndòng　　让人高兴 ràng rén gāoxìng
讨人喜欢 tǎo rén xǐhuan　　使人担忧 shǐ rén dānyōu

这样做很得罪人，会吃力不讨好。
Zhèyàng zuò hěn dézuì rén, huì chīlì bù tǎohǎo.

(☞ 第3课 講釈14)

15 徐娘半老 ── 中年をすぎてもなお美しさを保っている女性
　　　　　　　　"半老徐娘"とも言う

都半老徐娘了，还打扮什么？
Dōu bànlǎo xúniáng le, hái dǎban shénme?

成敏穿一件藕荷色紧身薄毛衣，衬出了徐娘半老依旧苗条的身材。
Chéng Mǐn chuān yí jiàn ǒuhésè jǐnshēn báo máoyī,
chènchūle xúniáng bàn lǎo yījiù miáotiao de shēncái.

16 修锁的 ── 人を表す"的"

送报的 sòngbào de　卖菜的 màicài de　修鞋的 xiūxié de　教书的 jiāoshū de
唱歌的 chànggē de　画画儿的 huàhuàr de　算命的 suànmìng de

17 一边凉快去 ──「あっちへ消え失せろ」　"一边"は"旁边"の意味

关你什么事！一边凉快去！　Guān nǐ shénme shì! Yìbiān liángkuai qù!

亲情、爱情、婚姻、家庭 ── 有钱，你什么都有，没钱？一边凉快去。
Qīnqíng、 àiqíng、 hūnyīn、 jiātíng — Yǒu qián, nǐ shénme dōu yǒu, méi qián? Yìbiān
liángkuai qù.

托 tuō [動] 人に頼んでやってもらう、依託する
媒婆 méipó [名] 仲人を職業とする女性
说合 shuōhé [動] 中に立ってまとめる、仲介する、仲を取り持つ

风韵 fēngyùn [名]（女性の）あでやかな姿態、あでやかさ
犹 yóu [副] なおも、いまだに
董事长 dǒngshìzhǎng [名] 理事長、会長

10
元城锁王

老 彭 仰天 长叹，看来 世间 [18]万物 皆 有 克星，我 老 彭
Lǎo Péng yǎngtiān chángtàn, kànlái shìjiān wànwù jiē yǒu kèxīng, wǒ Lǎo Péng

这 辈子 甭 想 打开 马 寡妇 这 把 锁 了。
zhè bèizi béng xiǎng dǎkāi Mǎ guǎfu zhè bǎ suǒ le.

64 一 天 夜里，老 彭 正在 酣睡，门 被 拍得 山响，一 胖 一 瘦
Yì tiān yèli, Lǎo Péng zhèngzài hānshuì, mén bèi pāide shānxiǎng, yí pàng yí shòu

两 个 人 说 请 老 彭 走 一 趟。夜里 有人 丢了 钥匙 进不了
liǎng ge rén shuō qǐng Lǎo Péng zǒu yí tàng. Yèli yǒurén diūle yàoshi jìnbuliǎo

家，火 烧 火 燎 地 来 请 他 开锁 是 常 有 的 事。老 彭 没有
jiā, huǒ shāo huǒ liǎo de lái qǐng tā kāisuǒ shì cháng yǒu de shì. Lǎo Péng méiyou

多 想，穿 衣 下 床 带上 工具 就 跟 这 两 个 人 出了 门。
duō xiǎng, chuān yī xià chuáng dàishang gōngjù jiù gēn zhè liǎng ge rén chūle mén.

两 个 人 把 老 彭 带到 野外，老 彭 感觉 [19]不 对劲儿，说 你们
Liǎng ge rén bǎ Lǎo Péng dàidào yěwài, Lǎo Péng gǎnjué bú duìjìnr, shuō nǐmen

要 带 我 去 哪里？胖子 诡笑 说，前面 不 远 就 到 了。来到
yào dài wǒ qù nǎli? Pàngzi guǐxiào shuō, qiánmian bù yuǎn jiù dào le. Láidào

一 个 废弃 的 屋子 里，胖子 指着 保险柜 让 他 打开。老 彭
yí ge fèiqì de wūzi li, pàngzi zhǐzhe bǎoxiǎnguì ràng tā dǎkāi. Lǎo Péng

[20]一 看 心里 就 明白 了，摇摇 头 说 这 [21]玩意儿 啊？我 打不开。
yí kàn xīnli jiù míngbai le, yáoyao tóu shuō zhè wányìr a? Wǒ dǎbukāi.

胖子 冷笑 说，还 有 你 锁王 打不开 的 锁？你 给 我 打开，
Pàngzi lěngxiào shuō, hái yǒu nǐ suǒwáng dǎbukāi de suǒ? Nǐ gěi wǒ dǎkāi,

价钱 随 你 要。老 彭 说 多少 钱 我 也 打不开。瘦子 [22]黑了 脸
jiàqián suí nǐ yào. Lǎo Péng shuō duōshao qián wǒ yě dǎbukāi. Shòuzi hēile liǎn

说，别 [23]不 识 抬举，小心 老子 废了 你。老 彭 出了 一 头
shuō, bié bù shí táiju, xiǎoxīn lǎozi fèile nǐ. Lǎo Péng chūle yì tóu

---

仰天长叹 yǎngtiān chángtàn [組] 天を仰いで長
いため息をつく
克星 kèxīng [名] 占星術で運命を制する者. [転]
相性の悪い人、天敵
甭 béng [副] [方] ～するに及ばない、～する
必要がない、～するな
酣睡 hānshuì [動] 熟睡する、ぐっすり眠る
山响 shānxiǎng [形] 音が大きいさま
火烧火燎 huǒ shāo huǒ liǎo [成] 焼けつくよう
に熱い、やきもきする、じりじりする

对劲 duìjìn [形] 正常である、適切である
诡笑 guǐxiào [動] いわくありげに笑う、笑顔を
装う
废弃 fèiqì [動] 廃棄する、捨てる
保险柜 bǎoxiǎnguì [名] 金庫
玩意儿 wányìr [名] もの、代物
随 suí [動] 任せる、…のままにする
不识抬举 bù shí táiju [成] 人の好意を無にする
老子 lǎozi [名] [口] わし、おれ様、わが輩
废 fèi [動] 手足を折る、廃人にする

18 万物皆有克星 —— 誰にも天敵がある

一物降一物 yí wù xiáng yí wù

19 不对劲儿 —— 正常ではない、おかしい

"劲儿"[名] (人の) 表情や態度、様子

我想肯定有什么地方不对劲儿，因此我不能去爱。
Wǒ xiǎng kěndìng yǒu shénme dìfang bú duìjìnr, yīncǐ wǒ bù néng qù ài.

你们家的气氛有点不对劲儿啊。我也说不出哪儿不对劲儿、怎么不对劲儿。
Nǐmen jiā de qìfen yǒu diǎn bú duìjìnr a.
Wǒ yě shuōbuchū nǎr bú duìjìnr, zěnme bú duìjìnr.

20 一看心里就明白了 ——"一～就～" 動作主に注意

(1) 動作主は変わらず

一吃就吐 yì chī jiù tù 　　一学就会 yì xué jiù huì 　　一开就谢 yì kāi jiù xiè

(2) 動作主は変わる

一教就懂 yì jiāo jiù dǒng 　　一请就到 yì qǐng jiù dào 　　一推就倒 yì tuī jiù dǎo

21 玩意儿 —— もの、代物。時には軽くけなす意を含む

别碰，这可是个值钱玩意儿。　Bié pèng, zhè kě shì ge zhíqián wányìr.
不折不扣的骗人的玩意儿。　　Bù zhé bú kòu de piànrén de wányìr.
真不是玩意儿　　　　　　　　zhēn bú shì wányìr

22 黑了脸 —— 形容詞 / 動詞 + 身体語彙

羞红了脸 xiūhóngle liǎn / 红了眼睛 hóngle yǎnjing / 黑了心 hēile xīn
大点儿声 dàdiǎnr shēng / 大着胆 dàzhe dǎn / 笑歪了嘴 xiàowāile zuǐ

当年，为了办好公司，我几乎一夜白了头。
Dāngnián, wèile bànhǎo gōngsī, wǒ jīhū yí yè báile tóu.

老天突然阴沉了脸，接着"叭哒哒"掉下了雨点。
Lǎotiān tūrán yīnchénle liǎn, jiēzhe "bādādā" diàoxiàle yǔdiǎn.

23 不识抬举 —— [成] 人の好意を無にする

对不起，是孩子不识抬举，冒犯您了。
Duìbuqǐ, shì háizi bù shí táiju, màofàn nín le.

感谢还来不及呢。还敢提条件，讨价还价，也太不识抬举了吧。
Gǎnxiè hái láibují ne. Hái gǎn tí tiáojiàn, tǎojià huánjià, yě tài bù shí táiju le ba.

冷汗，觉得 自己 两 条 腿 打颤，手指 [24]发抖。老 彭 咬咬 牙，
lěnghàn, juéde zìjǐ liǎng tiáo tuǐ dǎzhàn, shǒuzhǐ fādǒu. Lǎo Péng yǎoyao yá,

自己 给 自己 壮胆 说，你 他妈的 给 老子 一 座 金山 也 是
zìjǐ gěi zìjǐ zhuàngdǎn shuō, nǐ tāmāde gěi lǎozi yí zuò jīnshān yě shì

打不开。瘦子 挥舞着 棍子 要 打 老 彭，胖子 说 别 [25]摊上
dǎbukāi. Shòuzi huīwǔzhe gùnzi yào dǎ Lǎo Péng, pàngzi shuō bié tānshang

命案。瘦子 不 听，猛 地 打过来，老 彭 惨叫 一 声 倒下 了。
mìng'àn. Shòuzi bù tīng, měng de dǎguòlai, Lǎo Péng cǎnjiào yì shēng dǎoxià le.

🔖65 老 彭 躺在 医院 洁白 的 病床 上 向 警察 描述
Lǎo Péng tǎngzài yīyuàn jiébái de bìngchuáng shang xiàng jǐngchá miáoshù

歹徒 的 长相 特征。警察 很 快 就 抓到了 盗贼，老 彭 的
dǎitú de zhǎngxiàng tèzhēng. Jǐngchá hěn kuài jiù zhuādàole dàozéi, Lǎo Péng de

事情 也 上了 当天 的 报纸、电视，成了 新闻 人物。
shìqing yě shàngle dāngtiān de bàozhǐ, diànshì, chéngle xīnwén rénwù.

电视台 正在 采访 老 彭，马 寡妇 捧着 一 束 康乃馨 推
Diànshìtái zhèngzài cǎifǎng Lǎo Péng, Mǎ guǎfu pěngzhe yí shù kāngnǎixīn tuī

门 进来 了，惊得 老 彭 哆嗦了 一下。马 寡妇 说 那个 保险柜
mén jìnlai le, jīngde Lǎo Péng duōsuole yíxià. Mǎ guǎfu shuō nàge bǎoxiǎnguì

是 她 店里 的，里面 不仅 有 现金，还 有 好 多 的 单据，如果
shì tā diànli de, lǐmiàn bùjǐn yǒu xiànjīn, hái yǒu hǎo duō de dānjù, rúguǒ

不 是 老 彭，她 的 损失 可 就 大 了。
bú shì Lǎo Péng, tā de sǔnshī kě jiù dà le.

马 寡妇 剥 一 瓣儿 橘子 塞到 老 彭 嘴里，勾着 脑袋 问，
Mǎ guǎfu bāo yí bànr júzi sāidào Lǎo Péng zuǐli, gōuzhe nǎodai wèn,

甜 不 甜？老 彭 的 目光 在 马 寡妇 泛起 红润 的 脸上 粘了
tián bu tián? Lǎo Péng de mùguāng zài Mǎ guǎfu fànqǐ hóngrùn de liǎnshang zhānle

一下 又 一下，笑眯眯 地 闭上 眼睛 说，甜，我 又 打开了 一
yíxià yòu yíxià, xiàomīmī de bìshang yǎnjing shuō, tián, wǒ yòu dǎkāile yì

[26]把 锁。
bǎ suǒ.

打颤 dǎzhàn [動] 震える、身震いする	棍子 gùnzi [名] 棒、棍棒、杖
发抖 fādǒu [動] (体が) 震える、身震いする	命案 mìng'àn [名] 殺人事件
咬牙 yǎo yá [組] 歯を食いしばって耐える	猛 měng [副] 急に、いきなり、突然
壮胆 zhuàngdǎn [動] 度胸をつける、勇気を奮う	惨叫 cǎnjiào [動] 悲鳴をあげる
挥舞 huīwǔ [動] 振り回す、振る	描述 miáoshù [動] 描写する．叙述する

10
元城锁王

24 发抖 ── "发～"いずれも体の裡からわき出るような感覚を表す

发愁 fāchóu　 发怒 fānù　 发笑 fāxiào　 发困 fākùn　 发痒 fāyǎng

(☞第4課 講釈16)

25 摊上 ── [動] (困ったことに) ぶつかる、出合う

摊上命案　 tānshang mìng'àn　　摊上事儿 tānshang shìr
摊上大事儿 tānshang dàshìr　　摊上官司 tānshang guānsi

26 三个"把" ── 一把锁 / 个把月 / 把书打开

1) **量詞**　我又打开了一把锁。/ 几把钥匙

2) **助詞**　个把钟头过去了，仍不奏效。
　　　　　Gèba zhōngtóu guòqu le, réng bú zòuxiào.

　　　　　个把月来他一直郁郁不乐。心境灰暗且极易伤感。
　　　　　Gèba yuè lái tā yìzhí yùyù bú lè. Xīnjìng huī'àn qiě jí yì shānggǎn.

3) **介詞**　人家一锤下去把锁砸开了
　　　　　两人把老彭带到野外

歹徒 dǎitú [名] 悪人、悪者、悪党

长相 zhǎngxiàng [名] [口] 容貌(ようぼう)、
　顔立ち

特征 tèzhēng [名] 特徴、特別に目立つしるし

盗贼 dàozéi [名] 盗賊、泥棒

康乃馨 kāngnǎixīn [名] 〈植〉カーネーション

惊 jīng [動] 驚く、びっくりする

哆嗦 duōsuo [動] 震える、身震いする

单据 dānjù [名] 証書、証票、伝票

剥 bāo [動] (皮や殻を)むく、はぐ

瓣 bàn [名] 植物の種子・果実あるいは球根で、
　1片ずつに割れるもの

塞 sāi [動] 詰め込む、押し込む、差し込む

勾 gōu [動] 頭を傾ける

脑袋 nǎodai [名] 頭

泛 fàn [動] [書] 浮かぶ、浮かべる

红润 hóngrùn [形] (肌に)赤みとつやがある

粘 zhān [動] (粘着性のあるものが)つく、くっ
　つく、粘りつく

笑眯眯 xiàomīmī [形] 目を細めて笑うさま

中 国 語 索 引

03-14とあれば
「第3課, 講釈14」を表す.

中国語索引

B	
八輩子	09-18
把	03-14, 09-03, 10-26
白瞎	08-03
"包子"の種類	01-05
背 (bēi)	02-10
背 (bèi)	02-10
备案	10-07
本来	05-10
便 (biàn)	10-08
别墅	05-01
别说	09-05
毕竟	03-10
并不	03-04
～不?	01-07
"不"＋名詞	02-16
不～不	06-01
不A不B	07-11
不A不B	10-11
不对劲儿	10-19
不好意思	03-06
不～了	07-13
不是～而是～	05-19
不是～就是～	08-08
不是～吗？	01-06, 07-06, 09-08
不识抬举	10-23
不小心	06-03
～不起	07-07
不无	06-19

C	
差 (chà)	10-08
差 (chā)	10-08
差 (chāi)	10-08
长 (cháng)	10-08
趁	06-09
趁火打劫	06-13
翅膀硬	04-12
"臭"を含む語彙	09-02
出乎想象	06-16
出乎意料	06-16
出事了	06-02
此V彼V	06-11

D	
大不了	10-10
倒	09-14
倒是	10-04
大熊抱	08-07
的	10-16
AA的	01-15
～得下	03-03
～得起	07-07
电话	09-04
碟恋花	02-21
叠韵	02-13
底线	06-20
东山再起	05-15
都	05-12
"多"＋動詞＋目的語	01-03

E	
呃	02-09
"二"を含む成語	08-16

F	
发～	04-16, 10-24
泛指	03-13
仿佛	03-07
非	08-11
副	02-19

G	
赶紧	01-04
赶快	01-04
刚好	05-08
恭维	02-08
工资	06-06
"鬼"を含む語彙など	09-15
过	07-09

H	
还	01-02, 02-14, 04-07, 10-08
旱烟袋	04-02
行 (háng)	10-08
毫不	03-04

中国語索引

日 本 語 索 引

ま行

や行

ら行

その他

『ハッピーエンドの 中国ショートショート』出典

1. **谜底**《2016年中国微型小说精选》陈永林选编 长江文艺出版社

2. 女儿今年上高中《2018年中国小小说精选》陈永林选编 长江文艺出版社

3. **空瓶子**《中外百年微型小说经典大系 职场篇》陈永林 方圆主编 湖南少年儿童出版社

4. **楼房**《2018年中国小小说精选》陈永林选编 长江文艺出版社

5. **未遂**《2018年中国小小说精选》陈永林选编 长江文艺出版社

6. 人生不是演习《中外百年微型小说经典大系 职场篇》陈永林 方圆主编 湖南少年儿童出版社

7. **洗澡**《中外百年微型小说经典大系 智慧篇》陈永林 方圆主编 湖南少年儿童出版社

8. **习惯**《2015年中国微型小说年选》卢翎选编 花城出版社

9. **遗产**《2015年中国小小说精选》陈永林选编 长江文艺出版社

10. 元城锁王《中外百年微型小说经典大系 诚信篇》陈永林 方圆主编 湖南少年儿童出版社
　　　　*採録にあたり，テキストとして教室で使う便に配慮し，必要な削除，書き換えを行った部分がある。

NOTE

NOTE

NOTE

NOTE

著者

相原　茂
　　中国語コミュニケーション協会代表

蘇　　紅
　　東京外国語大学講師

音声録音　　　　　　于暁飛　　凌慶成

本文デザイン・表紙　小熊未央
SPECIAL THANKS　　林屋啓子

ハッピーエンドの 中国ショートショート

検印省略	© 2021 年 1 月 31 日　初　版　発行
	2022 年 3 月 31 日　第二刷　発行

著　者　　　　　　　　　　　相原　茂
　　　　　　　　　　　　　　蘇　　紅

発行者　　　　　　　　　　　原　雅　久
発行所　　　　　　　株式会社 朝 日 出 版 社
　　　　〒 101-0065　東京都千代田区西神田 3-3-5
　　　　　　　　電話 (03) 3239-0271 (直通)
　　　　　　　振替口座　東京 00140-2-46008
　　　　　　　　欧友社／信毎書籍印刷

乱丁・落丁本はお取り替えいたします

本書の一部あるいは全部を無断で複写複製 (撮影・デジタル化を含む)
及び転載することは、法律上で認められた場合を除き、禁じられてい
ます。
ISBN978-4-255-45348-4　C1087